団塊世代の地域デビュー

～その提言と「まちかど福祉」の実践～

川村 匡由 著

(株)みらい

はじめに

　2007（平成19）年ごろから本格的な少子高齢社会、人口減少社会および格差社会が到来し、地方分権化、地域活性化に加え、「2007年問題」が論議されているなか、団塊世代が毎年のように定年退職している。そして、彼らがこのような混沌とした社会や経済などにどのように対峙しようとするのか、注目されている。

　今、なぜ、団塊世代が注目されているのか。

　それは、戦後の民主教育を受け、熾烈な受験戦争を経て送った学生時代に、日米安全保障条約の改定やベトナム戦争、沖縄の本土復帰、大学紛争、公害問題に関心を寄せて学生運動に身を投じ、その後、「企業戦士」として戦後の高度経済成長の牽引者の一翼を担い、多くの国民をして「1億総中流意識」といわしめるまで日本経済を支えてきた団塊世代のパワーに期待が寄せられているからである。

　また、団塊世代が今後、どのような行動をとろうとしているのか、その成り行きはわが国のゆくえに大きな影響を及ぼしかねないからでもある。

　その一方、団塊世代は老親の介護や自分の老後への不安を抱えているにもかかわらず、長年、「会社人間」としてサラリーマン生活を送ってきたため、今までほとんど接点のなかった地域社会に参加し、どのように住み慣れた地域でいつまでも健康で自立した生活を送るのか、緊喫の課題に向き合うことになった。

　このような折、筆者は、社会保障および社会福祉を研究テーマに、長年、国や東京都など全国の地方自治体、社会福祉協議会（社協）、生活協同組合（生協）、特定非営利活動法人（NPO法人）、市民団体、企業など関係各方面の制度・政策や事業・活動にかかわっていくうち、地域福祉の研究や次代の研究者の育成、そして、何よりも自分の老親および自身の老後の対策としての地域福祉の実践に関心が高まっていくようになった。今から10年前のことである。

　そこで、その手始めとして、8年前、福祉の先進自治体の1つ、東京都武蔵

野市で地域福祉を実践し、かつ社会貢献もすべく、大学院の教え子や行政、社協、特定非営利活動法人（NPO法人）、市民団体、企業などの関係者に声をかけて研究所を設けた。

具体的には、研究会と地域サロンの2つの研究活動で、前者は、「平成の大合併」をした全国の市町村を対象にしたアンケート調査、また、旧産炭地域の北海道夕張市や福岡県福智町（旧赤池町など3町）における財政再建および地域福祉にかかわる調査研究、後者は、市内で各種情報の提供や相談、サービスの連絡・調整を行う「地域サロン」をベースに「まちかど福祉」に取り組み、その成果を学会で報告したり、研究書を上梓したりしてきた。

本書では、このような筆者の知見や実践を踏まえ、団塊世代に対する期待と可能性、および地域デビュー法、今後に向けた提言を述べた。

しかし、筆者ら夫婦の取り組みは地元の関係機関や市民の理解と協力があってのことであるため、まだまだ発展途上である。それだけに、地元の関係者はもとより、研究会や地域サロンのメンバーおよび読者諸兄におかれても末長いご指導とご鞭撻をお願いできれば幸いである。

最後に、本書を上梓するにあたり、貴重なデータの提供や調査研究、また、討議の場を与えていただいたシルバーサービス振興会および東京都中央区をはじめ、独立行政法人福祉医療機構（WAM）やシニア社会学会、さわやか福祉財団など関係機関や各位、さらには本書の上梓の機会を与えて下さった株式会社みらい代表取締役の竹鼻均之氏、ならびに企画編集二課の西尾敦氏に対し、深く感謝申し上げます。

2011（平成23）年師走　武蔵境の研究所にて

社会福祉学者・武蔵野大学大学院教授
福祉デザイン研究所所長

川村　匡由

もくじ

はじめに

第1部　団塊世代とその周辺事情

第1章　団塊世代とは——10
- 第1節　団塊世代の定義／10
- 第2節　団塊世代が生きてきた時代とその特性／10
- 第3節　団塊世代の役割と注目点／11

第2章　団塊世代を取り巻く環境——13
- 第1節　都市部、地方の現状／13
- 第2節　都市部における深刻な「無縁社会」／14

第3章　人材としての団塊世代——16
- 第1節　ノウハウや資格、情報、技術、技能、行動力の保持／16
- 第2節　「数は力なり」／17
- 第3節　コミュニティビジネスの可能性／18

第4章　団塊世代の活動を支援する行政施策——20
- 第1節　国の取り組み／20
- 第2節　地方自治体の取り組み／21

第2部　団塊世代の意向と地域デビュー法

第5章　団塊世代の意向と健康長寿のまちづくりのための方策の提言——24
- 第1節　2つの調査結果にみる団塊世代の意向／24
  1. シルバーサービス振興会の調査結果にみる団塊世代の意向／24
  2. 東京都中央区の調査結果にみる団塊世代の意向／28

第2節　地方自治体の期待／30

第3節　健康長寿のまちづくりのための方策の提言／34

第6章　団塊世代の地域デビュー法——42

第1節　情報媒体と国および地方自治体の活用法／42

 1．身近にある情報を収集する／42

 2．行政等から公表されている情報を収集する／43

 3．現役時代の肩書きを売り物にしない／43

第2節　学習活動と地域活動／44

 1．仲間全員で確認したうえで行動に移す／44

 2．事業・活動の規模や資金、開業場所を決める／45

 3．無理せず、地道に／45

第3節　取り組みとその広報宣伝／46

 1．ミニコミ誌やチラシの配布、ホームページやブログの開設／46

 2．非営利の任意団体でスタートさせる／47

第4節　今後に向けた提言／48

 1．老後を考える／48

 2．地域と人を知る／49

 3．活動の場を確保する／50

 4．明るく元気で楽しく、無理をせず／50

 5．継続も力なり／51

第3部　私たち夫婦の実践

第7章　終の棲家と地域福祉実践——54

第1節　研究実践を通じた社会貢献／54

第2節　「まちかど福祉」のコンセプト／55

第3節　「まちかど福祉」の実践／57

 1．なぜ、武蔵野市か／57

 2．武蔵野市の硬直化した事業／58

第4節　「福祉デザイン研究所」の建設／59
　　1．物件探しと建物の設計・施工／59
　　2．建物の施設と設備／60

第8章　「まちかど福祉」と「福祉デザイン研究所」——62
第1節　「まちかど福祉」の実践までの経緯および研究所の理念と組織／62
第2節　研究所のスタッフとその事業内容／63

第9章　福祉デザイン研究所の活動内容——65
第1節　研究部の活動内容／65
　　1．群馬県南牧村における「限界集落」再生の研究／65
　　2．旧研究会時代の各種調査の総括と新たな研究／67
第2節　サロン部の活動内容／68
　　1．ミニ講座の開講／68
　　2．ふれあいカフェと屋上パーティー／70
　　3．なんでも無料相談会／71
第3節　地域活動／72
　　1．地域ささえあい研修会／72
　　2．シニアネットむさしの／74
　　3．その他の地域活動／75

第10章　当面の課題と展望——77
第1節　人材の確保とサービスのネットワーク化／77
第2節　活動の場の確保／80
第3節　財源の確保と法人化／80

参考資料
資料1　団塊世代の人材活用に向けた各地の取り組み／86
資料2　まちづくり活動団体ウェブサイト一覧および主なサイトメニュー／90

第1部

団塊世代とその周辺事情

第1章 団塊世代とは

第1節 団塊世代の定義

今や時代のキーワードともなっている団塊世代であるが、その定義は特に定まっているわけではない。

たとえば『厚生労働白書』や『高齢社会白書』などをみると、一般的には1947（昭和22）年から1949（同24）年にかけて生まれた世代としている。もっとも、その一方で、1947（同22）年から1953（同28）年にかけて、または1947（同22）年から1955（同30）年にかけて、もしくは1945（同20）年から1955（同30）年にかけて生まれた世代ともいわれているなど、まちまちだからである。

そこで、これらの説を整理すると、団塊世代は狭義には1947～1949（昭和22～24）年生まれといわれるものの、広義には1945～1955（同20～30）年までと考えられる。

したがって、本書でも基本的には団塊世代を1947～1949（昭和22～24）年生まれとするものの、その前後の1945～1955（同20～30）年にかけて生まれた戦後間もない世代まで含め、考えることとする。

第2節 団塊世代が生きてきた時代とその特性

まず団塊世代という言葉の"名付け親"であるが、これは『団塊の世代』と題した小説を書いた元経済企画庁長官で、現在、作家・評論家の堺屋太一氏といわれている。

そして、その世代は、第二次世界大戦後、政府が戦災復興の一環として国民に婚姻と出生を推奨した結果、空前の「ベビーラッシュ」のなかで生まれた約

806万人もの人たちである。

　このような団塊世代は、戦後の食糧難の時期に生まれ育ったものの、民主化された教育を受け、地元の中学や高校を卒業後、東京や名古屋、大阪などの都市部に就職したり、家業の農林漁業や小売業を継いだり、熾烈な受験戦争を経て都市部の大学や短大に進学した。

　やがて、大学改革や公害問題、ビートルズ旋風、沖縄の本土復帰、ベトナム戦争、日米安全保障条約の改定などといった激動の時代のなか、学生運動に身を投じたり、長髪やジーンズ姿でまちを闊歩したり、ビートルズやグループサウンズ、フォークソングに興じるなどして大人たちの顔をしかめさせた。それは反戦平和や既成概念への反発であり、新たなライフスタイルの主張であり、"若者文化"でもあった。

　当時、エリートとみられた学生の多くは帰郷せず、そのまま都市部の官公庁や企業に就職し、団地などで一家を構えた。そして、高度経済成長の牽引者の一翼として仕事に精を出し、住宅ローンなどを抱えながらもカラーテレビやエアコン、マイカーのある豊かな生活を送った。

　しかし、1970年代に入ると状況は一変した。第4次中東戦争に端を発した世界的な石油危機に伴い、景気はいったん回復したものの、1990年代前半のバブル崩壊によって大きく後退した。そして、いつの間にか核家族化や高齢化が進み、かつ地方や都市部は過疎・過密化の進行によって地域社会が崩壊し、老親の介護や老後への不安が大きな社会問題となった。また、家計も住宅ローンなどの返済に追われるとともに、受験戦争の過熱化によって子どもの教育費の負担が増すなど、日々の暮らしに大きな影響を受けることになった。

第3節　団塊世代の役割と注目点

　それにしても、今、なぜ、団塊世代が注目されているのか。
　上述したように、団塊世代はこれまで日々の仕事に追われながらも社会の動きに敏感に反応し、さまざまなノウハウや資格、情報、技術、技能、行動力を培ってきた。

そこで、このような団塊世代が定年退職後、20〜30年過ごす地域社会でどのような行動をし、硬直化した政治や経済、社会を立て直すべきか、その命題の重さはもとより、そのための具体的な行動をどのような形で示し、限られた人生を全(まっと)うすべきか、一人ひとりに問われているのである。

それはまた、団塊世代である筆者や筆者の妻にとっても、残された人生をどのように生き、かつどこに終(つい)の棲家(すみか)を求め、二度とない人生をいかに全うすべきか、という命題でもある。

このような団塊世代に対し、地方では過疎化や高齢化、さらには景気後退によって商店街の「シャッター通り」化が目立つなかで、団塊世代の再雇用や生涯学習、ボランティア、コミュニティビジネスによる地域活動を支援したり、郷土の出身者や都市部に在住する団塊世代に対し、田舎暮らしのための移住、あるいは週末滞在などの事業への参加を促すなど、"団塊パワー"による地域活性化に期待を寄せている。

一方、都市部では多くの若者の熱気に圧倒され、その存在が薄れつつある団塊世代が、長年培ったノウハウや資格、情報、技術、技能、行動力、さらにはスケールメリットにより、若い世代にも高齢者にとっても安心・安全なまちづくりに取り組むことへエールが送られている。

また、圧倒的な世代人口を誇っており、その行動によっては地域社会や国をもドラスティックに変える可能性を秘めているため、今、団塊世代が注目されているのである。言い換えれば、世の多くの人たちは、青春時代に既成概念にとらわれない新たなライフスタイルや"若者文化"を発信した行動力、および高度経済成長の牽引者の一翼として、「仕事人間」「会社人間」に徹した団塊世代のダイナミズムに大きな期待を寄せているのである。

それだけではない。土建型公共事業に特化した経済優先の国策や東日本大震災および東京電力福島第一原子力発電所の事故の発生に伴い、危機に瀕(ひん)した国民生活を立て直す「新しい公共」の担い手として、多くの人たちが団塊世代の行動に期待しているとともに、その子ども、いわゆる団塊ジュニアも団塊世代の親に呼応し、行動をともにすることにも注目が集まっているのである。

第2章　団塊世代を取り巻く環境

第1節　都市部、地方の現状

　周知のように、わが国は戦後の高度経済成長期に東京や名古屋、大阪などの都市部へ人口が集中したことに伴い、都市部では高齢化率が低下したものの、超高層ビルが林立して「都市砂漠」や「人間砂漠」「コンクリートジャングル」と化した。そして、過密化によって住宅事情や生活環境が悪化し、高齢者の自殺や孤独死が増えている。

　ちなみに、わが国における自殺者は毎年約3万人を数え、先進国では最上位の自殺率という汚名を着せられている。GDPがアメリカ、中国に次いで世界第3位といわれる経済大国にあるまじき事態である。

　また、都市部では、低層住宅の団地や公営住宅からインフラが整備されている都心の新築のマンションや一戸建て住宅への転居が相次いでおり、居残った住民の高齢化によって「限界団地」が出現しているかと思えば、タワーマンションに老若問わず、多くの人々が移住していることにより、犯罪や都市災害に対応するための新たなコミュニティづくりが大きな課題となっている。

　一方、地方では小泉政権下、「三位一体の改革」の一環として市町村合併が強行された結果、当時、約3,200あった市町村は約1,700にまで縮減され、行政サービスがさらに遠のいた。また、かつての商店街は郊外の大型スーパーマーケットに顧客を奪われ、「シャッター通り」と化し、工場や大型店舗の進出に伴って自営業者がサラリーマン化した。さらに、減反政策に高齢化が加わって「3ちゃん農業」もままならず、田畑はアパートや休耕地に様変わりしている。

　それだけではない。団塊世代が80歳代後半から90歳代になる2042（平成54）年、老年人口(65歳以上)が3,863万2,000人とピークに達し(高齢化率37.3％)、

第1部　団塊世代とその周辺事情

2055（同67）年には高齢化率が40.5％に達すると予測されているなか、離島や中山間地域ではすでに高齢化率が50％超という「限界集落」が増え、老親の介護が困難となっている。また、スーパーマーケットやコンビニエンスストアもなく、食料の買い出しは移動販売車が唯一の手段となっている。さらに、病気や要介護になると病院や福祉施設に入院・入所するため、町や村を出て行かざるを得ず、集落そのものが消滅するのも時間の問題というところも少なくない。

このように都市部や地方に限らず、日本国憲法で保障された生存権もあやういほど地域格差や所得格差が拡大し、地域社会も崩壊しつつあるなか、団塊世代はこれから20～30年の老後を過ごしていくことになるのである。

第2節　都市部における深刻な「無縁社会」

上述のように、団塊世代を取り巻く環境には深刻な問題があるが、とりわけ、都市部においては本格的な少子高齢社会および人口減少社会、さらには疲弊した国家財政と地域経済の状況の折、「無縁社会」をどのように生きるか、という問題がある。

地方の団塊世代には家業を継いだ自営業者だけでなく、兼業農家やサラリーマン化した者もいないわけではないが、地方には今なお共同体意識が根強く残っているところもある。このため、保健・医療・福祉などのインフラは都市部に比べて十分整備されていなくても、いざというときには地域住民による助け合いが行われる傾向にある。

一方、都市部は保健・医療・福祉などのインフラは十二分に整備されており、一見、不安のない老後が約束されているかのような錯覚をしがちであるが、2005（平成17）年の阪神・淡路大震災を例にあげるまでもなく、地域住民による日ごろからの助け合いや支え合いが不十分なところが大半である。このため、実は弱者は孤立無援の状態にある。

現に筆者が、後述する「まちかど福祉」の実践の場としている東京都武蔵野市で、2軒隣りの民家で一人暮らしの高齢者が亡くなっても、弔問に出かける

住民はだれもいなかった。これが「都市砂漠」や「人間砂漠」、または「コンクリートジャングル」、さらには集合住宅における「限界団地」、あるいは「無縁社会」といわれる都市部の実態なのである。

　いずれにしても、それぞれの地域社会で住民によって地域活性化を図るには、地方自治や地域福祉の視点から問題や課題を整理し、住民参加に基づく行政や関係機関の協働により、だれでも住み慣れた地域で安心・安全な生活を営むことができるよう、地域活動に取り組むことが極めて重要となっている。そして、その活動の中心となって取り組むことを期待されているのが団塊世代である。

　そこで、次章では人材としての団塊世代について述べていきたい。

第3章 人材としての団塊世代

第1節 ノウハウや資格、情報、技術、技能、行動力の保持

　前章までで述べたように、団塊世代は、これまでの長年にわたる現役時代にさまざまなノウハウや資格、情報、技術、技能、行動力を培った有能な人材である。

　事実、筆者が委員長を務めたシルバーサービス振興会の「団塊世代を活用した健康長寿のまちの展開方策等を検討するための委員会」が2008（平成20）年、都内で開いたシンポジウム「地域で輝く団塊世代～団塊パワーをまちづくりに～」に詰めかけた首都圏の団塊世代などにアンケート調査に答えてもらった結果（この調査では55～64歳を団塊世代としている）、多くの人が「医療、福祉、介護」や「企画、マーケティング」「土木、建築、設計、インテリア」「営業、販売」「財務、会計、経理、税務」などのノウハウや資格、情報、技術、技能を持っており、「特に持っていない」はわずかに9.7％であった（図3－1）。このような団塊世代の有能さは、大手広告代理店の博報堂など民間の全国的な調査でも明らかである。

　そこで、団塊世代がこのようなキャリアやスキルを生かせば地域デビューは容易であるほか、国や地方自治体も彼らを活用し、内需拡大や地域活性化を図らない手はないと期待しているのである。

第 3 章　人材としての団塊世代

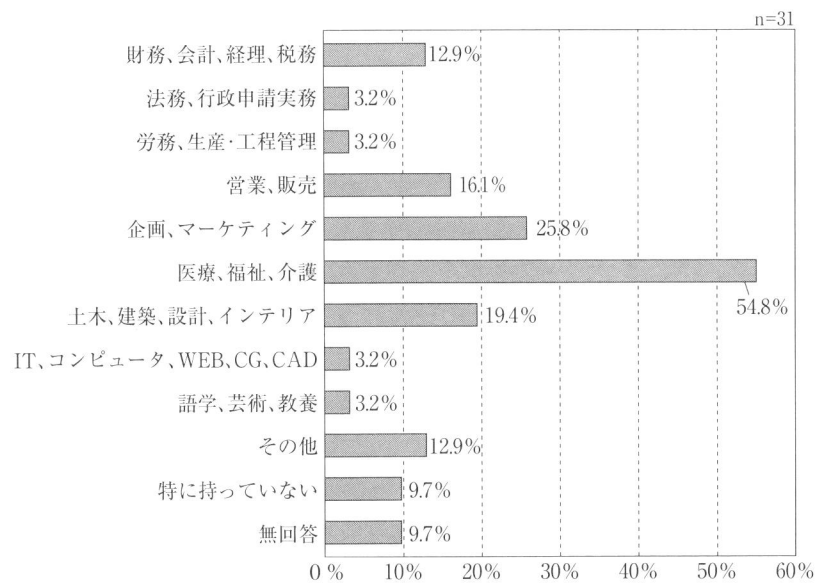

図3－1　保有しているキャリアやスキル

出典：シルバーサービス振興会「団塊世代を活用した健康長寿のまちの展開方策に関する調査研究事業報告書」2008年　36～37頁を一部改変

第2節　「数は力なり」

　もっとも、このような団塊世代のスケールメリット、言い換えれば「数は力なり」の論理も、肝心の彼らがその気にならなければ何も起こらない。そればかりか、むしろスケールデメリットと化し、国や地方自治体はもとより、企業や多くの人たちの期待を裏切ることになるわけであるが、実は、そのような場合もあり得るとみる向きもないわけではない。

　現に、筆者が理事を務めているシニア社会学会が2009（平成21）年、都内の大学で開いたシンポジウム「団塊世代が日本を変える」の席上、団塊世代であったシンポジストの1人はこう話し、会場が一瞬静まり返ったことを思い出す。

17

「行政やマスメディアはわれわれ団塊世代にさまざまな使命や役割を果たすべく期待しているが、私のように現役時代、身も心も会社に捧げ、ボロボロになるまで働いてやっと定年を迎え、のんびりしようかと思っているところへ『国のため、社会のために頑張ってくれ』といわれても、もう精も根も尽き果てており、とてもそれどころではない。もうそっとしておいてほしい。温泉やゴルフなど好きなことをして老後を楽しませてほしい…」。

確かに、彼がいうように、行政や企業、その他多くの国民が団塊世代に対し、一方的に世のため、人のためにと、必要以上の役割を期待するのはむしろ反発を招きかねない。

しかし、老後の生きがいや介護予防のためだけでなく、孤立死や孤独死の防止、あるいは震災などの有事の際、互いに助け合い、支え合うよう、団塊世代が積極的に社会参加し、たとえば地域のリーダーとなって「無縁社会」を解消することなども必要ではないだろうか。また、政治や経済、社会が疲弊している折、団塊世代がボランティアやコミュニティビジネスなどの地域活動に取り組み、この国の在りようを提起する「新しい公共」の担い手として、わが国を牽引していくことも必要ではないだろうか。

さらに、団塊世代は2007～2009（平成19～21）年にかけて毎年大量に定年を迎え、それまでの「会社人間」から「社会人間」として地域社会に戻ってくるため、彼らが何らかの行動を起こせば"山"も動くのではないか。すなわち、かつてないスケールメリットとして大きなインパクトを社会的にも経済的にも与えるのではないか、という期待が寄せられているのである。

第3節　コミュニティビジネスの可能性

このほか、団塊世代はさまざまなコミュニティビジネスを起業する可能性も秘めている。

前述したように、わが国は戦後から長期にわたり、右肩上がりの高度経済成長を遂げてきたが、石油危機、さらにはバブル崩壊によって景気が低迷したこ

とに伴い、財源の確保が困難になった。その一方で、少子高齢化は今後も進み、国民の間に老後の生きがいや健康の増進、介護の充実など、国民生活を優先した社会保障を重視する政策に転換すべきとの声が上がっているにもかかわらず、東日本大震災および東京電力福島第一原子力発電所の事故に伴う復旧・復興はともかく、今なお新幹線や高速道路、空港などの土建型公共事業を中心とした政官財の癒着による経済政策が優先されている。

　しかも、「3割自治」といわれるように、国民の血税の多くは国に納められており、地方自治体はますます多様化する住民の福祉ニーズに十分応えることができなくなっている。このため、住民の有志が地域社会の問題や課題を解決すべく、コミュニティビジネスに取り組みつつある。

　具体的には、在宅の高齢者を対象にした配食や送迎、見守りなどの有償在宅福祉サービスを提供したり、民家やアパート、空き店舗に宅老所やグループホームを設置したりするなど、住民の有志が地域の問題や課題を解決するため、自主的、自発的に地域活動に取り組み、従来のボランティア活動に比べ、より企業に近い形の経営理念と組織、活動でありながら非営利であるコミュニティビジネスを展開している。その意味で、長年培ったノウハウや資格、情報、技術、技能、行動力を有する団塊世代がさまざまなボランティア活動やコミュニティビジネスを通じ、地域デビューすることも1つの方法である。

　一方、国や地方自治体も財政が厳しいなか、このような住民有志によるコミュニティビジネスに"市民権"を与え、広く奨励すべく、1998（平成10）年、特定非営利活動促進法（NPO法）を制定し、支援することになったが、このような法制度化も団塊世代のコミュニティビジネスの可能性を大きくしているのである。

　そこで、次章では国や地方自治体の取り組みを詳しく述べることにする。

第4章 団塊世代の活動を支援する行政施策

第1節　国の取り組み

　前章の第3節でみたように、行政は団塊世代の活用によって閉塞した地域社会を活性化しようと、さまざまな施策を打ち出している。

　国の取り組みとしては、2007(平成19)年、従来の都市再生本部、構造改革特別区域推進本部、地域再生本部、中心市街地活性化本部の各会合を「地域活性化統合本部会合」に再編・一体化し、北九州市や京都市、大阪府堺市、横浜市、長野県飯田市など13都市をモデル地区として選定し、「低炭素社会」としての「環境モデル都市」の実現など、各分野における先駆的な事業・活動の財政的な助成、あるいは特定非営利活動法人(以下「NPO法人」)格の認証の取得について支援すべく、講師の派遣や参考事例など、関連する情報の提供、相談・指導にあたった。

　また、2008(平成20)年、人口5万人でスーパーマーケットや高校、病院、雇用の場がある中心地と周辺の市町村を1時間程度で往来できる定住自立圏構想(研究会)を発足させ、長野県飯田市およびその周辺の14市町村(人口約17万4,000人)を「南信州」としてとらえてモデル化し、住民の定住化のための雇用創出を試行している。

　このほか、就労を望む団塊世代に対する就労支援事業も始めた。これは就業や起業を希望する団塊世代を対象に、その支援の窓口となる「コミュニティ・ジョブセンター」を全国各地に設置し、NPO法人化やその活動に関する情報の提供、就業体験を仲介するもので、2009(平成21)年はモデル地区として3か所にセンターを設置し、地元の自治体の推薦を受けたNPO法人などの民間事業者に業務を委託している。

　これらの施策は2010(平成22)年4月以降、「地域主権」としてさらに発展・

拡大して地域を活性化させるべく、全国を8つの地域ブロックに分割し、地方からの総合的な相談に省庁横断的、かつ施策横断的に迅速・的確に対応する「ワンストップ拠点」として機能の強化を図っているが、いずれも団塊世代への期待、あるいは団塊世代の活用によって国家財政の健全化や地方分権化、さらには地域再生を図ることをめざしている施策である。

　また、厚生労働省所管の独立行政法人福祉医療機構（WAM）が、社会福祉振興助成事業として、民間の創意工夫による高齢者の生きがいや健康づくり、地域活性化の推進を支援すべく、毎年行っている事業もその1つで、2010（平成22）年の事業仕分けの結果、助成金は全額を国庫に返納し、他の独立行政法人と併せ、そのミッションや事業の在り方について検討することになったが、その後も団塊世代による高齢者の生きがいや健康づくり、地域活性化事業への国庫補助は継続されており、筆者はその審査委員としてかかわっている。

　さらに、総務省所管の財団法人地域活性化センターでは、活力にあふれ、かつ個性豊かな地域社会を実現するため、まちづくりや地域活性化に役立つ情報の収集やその提供、また、地域の抱えるさまざまな課題を取り上げた調査研究やコンサルティングを通じ、時代のニーズを踏まえた政策提言や地域活性化を図る支援を行っている。

　ちなみに筆者はそのアドバイザーとして登録され、これまで栃木や群馬、岐阜、長崎など各県に出かけ、地元の行政や住民団体などと意見交換をしているが、その主なターゲットはやはり団塊世代である。

第2節　地方自治体の取り組み

　一方、過疎化や高齢化、減反政策、専業農家など自営業者のサラリーマン化、商店街の「シャッター通り」化に伴い、地域経済の停滞が著しい地方都市やリゾート地域、離島、中山間地域を抱える都道府県や市町村が、従来の行政依存から住民参加によって地域活性化を図るべく、2005（平成17）年ごろから都市在住、あるいは郷土出身の団塊世代を対象にUIJターン、すなわち、田舎暮らしや週末農林業体験、あるいは帰郷による定住や移住の促進のPRに乗り出している。

第1部　団塊世代とその周辺事情

　たとえば、長野県四賀村(現 松本市)は1992(平成4)年、ドイツを参考に都市と村の交流の場として丘陵地を造成し、「クラインガルテン（滞在型市民農園）」を1区画の年間利用料を約40万円で2区画公募した結果、東京や名古屋の団塊世代などが週末農業体験を楽しもうと殺到した。このため、1997(同9)年までに54区画、さらに2000(同12)年、新たに78区画を増設、2011（同23）年12月現在、計132区画が整備され、各地から視察が絶えないほどの反響である。

　また、神奈川県は、横浜市が1991（平成3）年に「地域ケアプラザ条例」を制定し、「住民の誰もが地域において健康で安心して生活を営むことができるよう」、住民のボランティアによって高齢者の安否確認などに取り組んでいる地域福祉活動を全県下に広げるため、地域包括支援センターを拠点に住民のボランティアによる同様の地域福祉活動の拡大に努めている。筆者も2009(同21)年、平塚市などで講師としてかかわったが、やはり団塊世代の活躍が目立った。

　一方、島根県海士町は2003（平成15）年、過疎化が進行するなか、国の「地域再生計画（海士デパートメントストアープラン）」に認定されたのを機に、特産のサザエを具にしたレトルトカレーや養殖の岩ガキ、隠岐牛、天然塩をブランド化した。その結果、東京のデパートやスーパーマーケットなどで人気商品となり、2004〜2008（同16〜20）年の5年間に島の人口の1割に当たる144世帯、234人の若者や団塊世代が移住し、地域活性化に成功している（写真4—1）。

　なお、全国社会福祉協議会も団塊世代のボランティアなどによって地域福祉活動をさらに発展・拡大すべく、市町村社会福祉協議会において配食や送迎サービス、ふれあい・いきいきサロン、高齢者の安否確認などを通じ、団塊世代に地域デビューをしてもらおうと熱い視線を送っている。

写真4—1　地産地消で団塊世代や若者に移住を呼びかけている海士町

（島根県海士町にて筆者撮影）

第 2 部

団塊世代の意向と
地域デビュー法

第5章 団塊世代の意向と健康長寿のまちづくりのための方策の提言

第1節 2つの調査結果にみる団塊世代の意向

　では、肝心の団塊世代は自分の老後にどのような意向を持っているのか、ということであるが、筆者がこれまで国や地方自治体など関係機関の委員会やシンポジウム、研修会にかかわってきた経験上、実は一くくりにできない複雑、かつ多様な面があるように感じている。

　いずれも母数が少ないため、一概には断定できないが、その1つが、前出のシルバーサービス振興会が2006（平成18）年度と2007（同19）年度、筆者を委員長として実施した「団塊世代を活用した健康長寿のまちの展開方策等を検討するための委員会」による調査研究結果である。そして、もう1つが、これも筆者が委員長としてかかわった東京都中央区の「高齢者生きがいづくり推進検討会」によるアンケート調査結果である。

1．シルバーサービス振興会の調査結果にみる団塊世代の意向

　まず、「団塊世代を活用した健康長寿のまちの展開方策等を検討するための委員会」が2008（平成20）年3月、都内で開いたシンポジウム「地域で輝く団塊世代～団塊パワーをまちづくりに～」に来場した首都圏の団塊世代（この調査では55～64歳を団塊世代としている）などに実施したアンケートの回答をみてみると、日ごろの市民活動（ボランティア活動、NPO活動、コミュニティビジネスなど）は55～64歳の41.9％がそれぞれ参加している（図5－1）。その活動分野は、「高齢者、障がい者、児童の福祉・介護」や「地域の文化、芸術、スポーツ、学術の振興」「まちづくり（地域の活性化、地場産業の振興）」などとなっている（図5－2）。

第 5 章　団塊世代の意向と健康長寿のまちづくりのための方策の提言

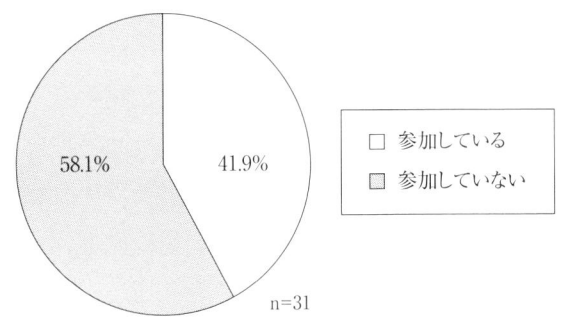

図5－1　市民活動への参加状況

出典：シルバーサービス振興会「団塊世代を活用した健康長寿のまちの展開方策に関する調査研究事業報告書」2008年　24頁を一部改変

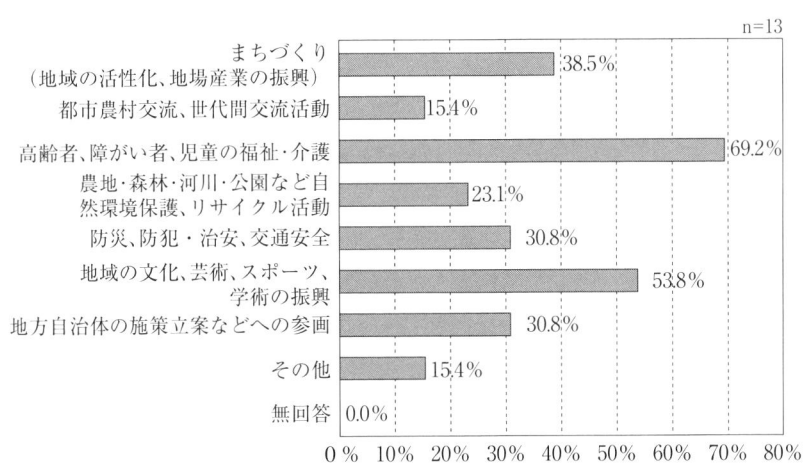

図5－2　活動分野

出典：図5－1と同じ　25頁を一部改変

　また、「参加していない」と回答したうちの多くがいずれも「時間がない」「きっかけがない」「活動の場や情報がない」「人間関係がわずらわしい」としている（図5－3）。
　今後の参加意向については、図5－1ですでに参加していると答えている人

25

第2部　団塊世代の意向と地域デビュー法

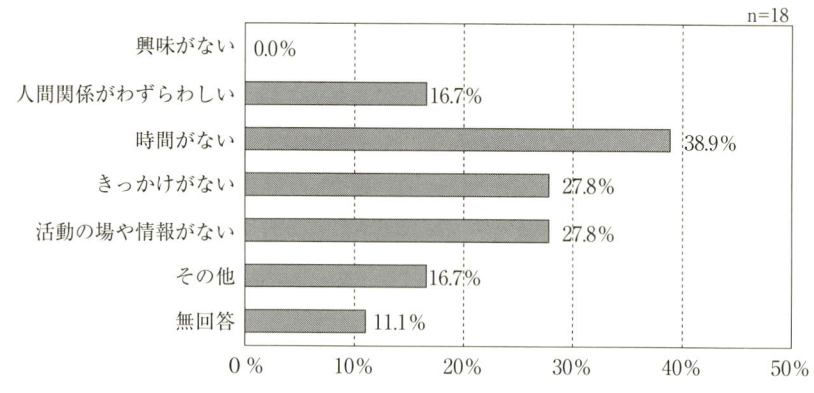

図5－3　市民活動への不参加の理由

出典：図5－1と同じ　26頁を一部改変

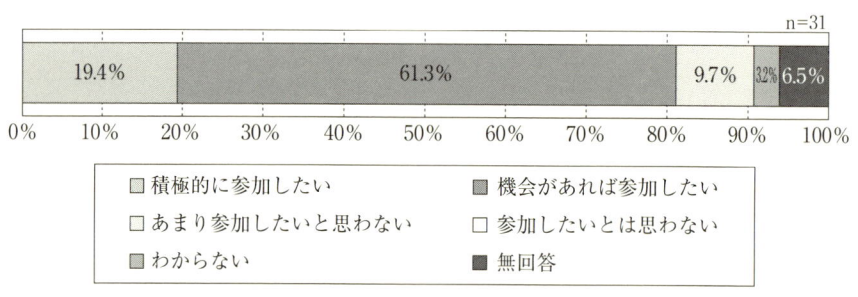

図5－4　市民活動への今後の参加意向

出典：図5－1と同じ　27頁を一部改変

も含め、その大半が「積極的に参加したい」、あるいは「機会があれば参加したい」と答えている（図5－4）。

　しかも、参加したい活動の分野は、「地域の文化、芸術、スポーツ、学術の振興」や「まちづくり（地域の活性化、地場産業の振興）」「高齢者、障がい者、児童の福祉・介護」などとしている（図5－5）。

　参加形態としては、「地域の活動団体・グループに参加する」が全体の約55％を占め、以下、「自分個人で取り組む」などとなっている（図5－6）。また、

第5章　団塊世代の意向と健康長寿のまちづくりのための方策の提言

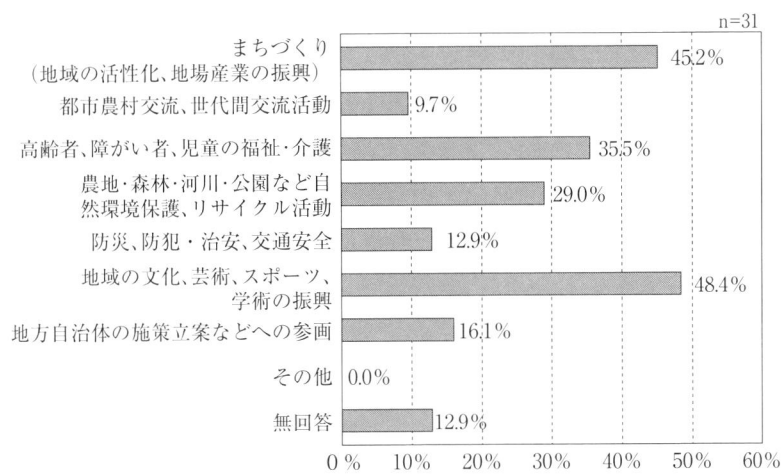

図5―5　参加したい活動の分野

出典：図5―1と同じ　30頁を一部改変

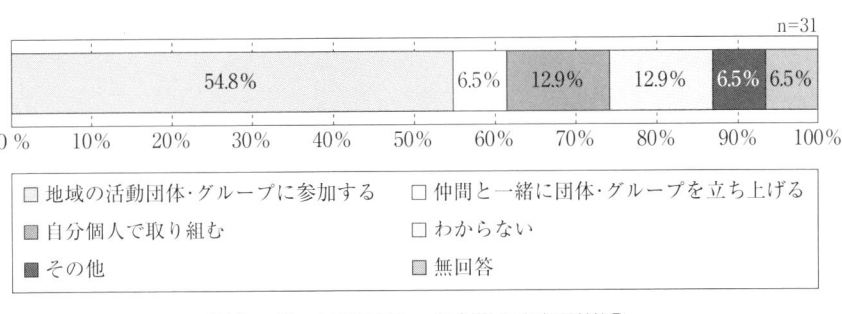

図5―6　市民活動への今後の参加形態①

出典：図5―1と同じ　31頁を一部改変

活動をともにしたい年代については、「自分と同年代」が32.3％、「年代にこだわらない」が12.9％となっている（図5―7）。

ちなみに博報堂が2005（平成17）年、全国の50歳以上のシニアや団塊世代の男女360人を対象に行った「団塊世代～定年（引退）後のライフスタイル調査」でも、定年（引退）後も「仕事」や「ボランティア」「趣味」のすべてを行い

27

第2部　団塊世代の意向と地域デビュー法

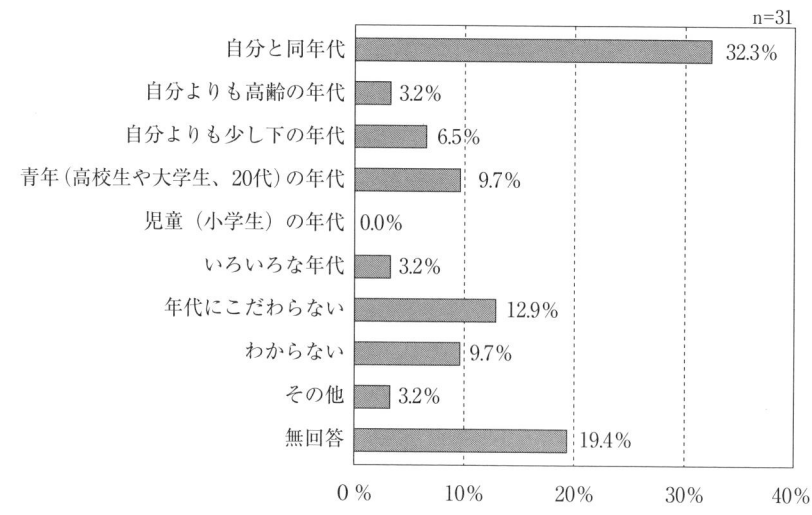

図5－7　市民活動への今後の参加形態②

出典：図5－1と同じ　32頁を一部改変

たいという者は全体の半数近くおり、「生涯現役」を願う団塊世代の素顔が明らかになった。

　ただし、仕事をしたいとはいえ、「フルタイムで働きたい」という答えは2割に満たず、ゆとりのある老後をバランスよく送りたいという意向が強かった。また、団塊世代の6割以上が定年（引退）後も、「社会的役割」を持つことを希望しており、他の世代と比べ、社会との接点を求める気持ちが強いと分析している。

2．東京都中央区の調査結果にみる団塊世代の意向

　一方、東京都中央区の高齢者生きがいづくり推進検討会が2007(平成19)年、同区の団塊世代など55～74歳の男女約1,500人（うち、55～64歳の295人を団塊世代としている）を対象に、区内の高齢者クラブ（老人クラブ）や敬老館（高齢者の憩い・娯楽施設）、シニアセンター(50歳以上の学習・文化・レクリエーション・ボランティア活動施設）など、社会参加活動組織向けの場や機関につ

第5章　団塊世代の意向と健康長寿のまちづくりのための方策の提言

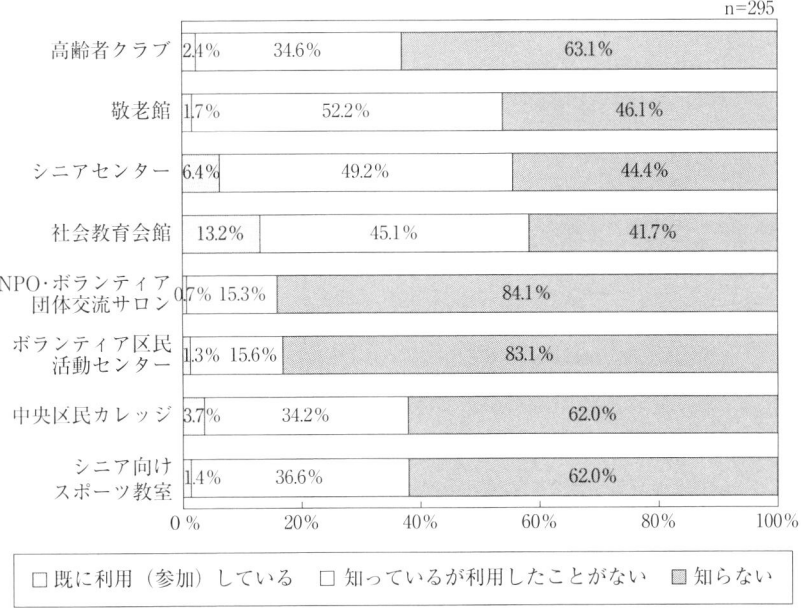

図5－8　社会参加活動組織の場・機関の認知度

出典：東京都中央区「中央区高齢者生きがいづくり推進検討会報告書」2008年　67～71頁を一部改変

いてアンケート調査した結果、「既に利用（参加）している」と答えた団塊世代はほとんどの施設で1割強以下となった。また、NPO・ボランティア団体交流サロンやボランティア区民活動センターについては8割強が「知らない」と答えた（図5－8）。

　ちなみに団塊世代を含む回答者の全体の傾向としては、年齢別、男女別、有無職別を問わず、いずれも老親の介護や老後の不安を抱えていた。もっとも、子どもが独立し、健康な今のうちに夫婦がこれからの"長い老後"をいかに充実させ、人生を全うすべきかを考え、地域福祉やまちづくり、生涯学習、レジャーなどにおける地域デビューに大きな関心を寄せていることもわかった。

　そこで、区はこの調査結果を受け、今後、多様な価値観を持つ団塊世代など、新しい高齢者層のニーズを視野に入れた施策を展開するため、各施設の名称の

工夫や活動内容の見直し、高齢者クラブや社会貢献活動および自主的活動グループへの支援、社会参加や就労に関係する情報の一元化、公民の関係施設の連携により、経済的な事情で今後も就労を望む高齢者のため、「70歳就労社会の実現」と「生涯躍動いきいき社会の実現」に力を入れることになった。

具体的には、同区内に在住する団塊世代の社会参加を通じ、地域活性化および地域再生を図るため、自己の体験や知識を生かしたボランティア活動や趣味的なサークル活動、コミュニティビジネスを支援する高齢者人材バンクの創設、敬老館を活用した団体活動や趣味的活動を行うための場の提供、仲間づくりや趣味的活動のための情報の集約・提供に努めることにした。

このほか、多様な価値観を持つ高齢者の充実した生きがい活動に対する積極的な支援、文化施設などが集積する都心区の特性を生かした官民の関係機関の連携、さらには高齢者の主体的な地域社会への参加と区との協働に関する仕組みづくりも重点的に実施すべく、これらの施策を区の上位計画である中央区基本計画に反映させ、順次、その具体化のため、整備・拡充に努めることになった。

第2節　地方自治体の期待

一方、前出のシルバーサービス振興会が、こちらも筆者を委員長として実施した「健康長寿のまちづくり推進のための団塊世代の人材活用およびネットワーク形成の方策等を検討するための委員会」による地方自治体へのアンケート調査（発送2,047件、回収975件、回収率47.6％）では、政令指定都市や県庁所在地、東京都特別区、県内中核都市、衛星都市・ベッドタウンの半数弱から6割強はいずれも「団塊世代の高齢化に向けた新たな施策・事業が必要」としており、「専門的ノウハウを発揮」した、「まちづくり」や「福祉・介護」「防犯・交通安全」に期待している（表5-1）。

また、農山漁村や過疎化市町村で「団塊世代の高齢化に向けた新たな施策・事業が必要」としているのは全体の4割強とやや低いものの、都市、あるいは郷土出身の団塊世代の移住による、「まちづくり」や「福祉・介護」「環境保全・整備」に期待している。

第5章　団塊世代の意向と健康長寿のまちづくりのための方策の提言

表5－1　全国自治体へのアンケート調査結果

自治体の類型	団塊世代の高齢化に向けた施策・事業	施策・事業の目的	施策・事業を実施する上での課題	団塊世代に望む社会的役割	団塊世代の活躍を期待する分野
政令指定都市	半数弱が「団塊世代の高齢化に向けた新たな施策・事業が必要」としており、その6割が「既に施策・事業を講じている」	「地域ボランティア」「自己啓発」「地域への溶け込み」の割合が高い	「世代・地域のニーズ把握」としたものが多い	「専門的ノウハウを発揮」の割合が高い	「まちづくり」「福祉・介護」の割合が高い
県庁所在地、東京都特別区	6割強が「新たな施策・事業が必要」としており、その半数が「既に施策・事業を講じている」				
県内中核都市	6割強が「新たな施策・事業が必要」としているが、「既に施策・事業を講じている」のは、その3割強				
衛星都市・ベッドタウン	「新たな施策・事業が必要」とする割合と「従来の施策・事業を活用して対応を図る」とする割合が共に5割弱。「既に施策・事業を講じている」のは、その3割強		約4割が「財源不足」としている	「専門的ノウハウを発揮」と「リーダー的役割」の割合が高い	「まちづくり」「福祉・介護」「防犯・交通安全」の割合が高い
農山漁村、過疎化市町村	5割が「従来の施策・事業を活用する」としており、4割強が「新たな施策・事業が必要」としているが、「既に施策・事業を講じている」のは、その3割弱		7割が「UIJターン（移住・定住）」としている	半数が「財源不足」としている	「まちづくり」「福祉・介護」「環境保全・整備」の割合が高い

出典：シルバーサービス振興会「健康長寿のまちづくり推進のための団塊世代の人材活用およびネットワーク形成の方策等に関する調査研究事業報告書」2007年　5頁を一部改変

第2部　団塊世代の意向と地域デビュー法

表5－2　先進地実地面接調査結果の概要

(活動地の後の［　］内は、実施主体区分/(活動形態)を表す)

自治体類型			テーマ（団塊世代の活用・活動目的）			
			地域コミュニティの維持・向上		地域の活性化	
			自治体による、地域社会への回帰・参加の促進	自治体による移住・定住（UIJターン）の促進	自治体による、まちづくり、地域交流、産業振興の促進	有志グループによる、まちづくり、コミュニティビジネス起業など自主的・自発的な活動
都市部		大都市	豊島区 ［区(企画)］	—	名古屋市 ［県(モデル事業企画)、NPO法人(実践)］	豊島区 ［有志グループ(実践)］ 札幌市 ［NPO法人］ 横浜市 ［NPO法人］ 大阪市 ［NPO法人］
		大都市近郊（衛星都市）	八王子市 ［市(企画・支援)、NPO法人(実践)］ 我孫子市 ［NPO法人］	—	日進市 ［県(モデル事業企画)、有志グループ（実践）］	(高度成長期に人口流入・核家族化が急速に進んだ衛星都市では、団塊世代の大量高齢化に対する特徴的な取り組みが見られる)
地方部		地方都市	(もともと地域内に団塊世代が少なく、団塊世代の地域回帰に向けた施策・取り組み低調)	函館市 ［市(企画・支援)、NPO法人(運営)］ 江津市 ［NPO法人］	(取り組みプロセス・課題・対策は上記都市部事例から考察できると考えられる)	
		農山漁村 中山間地域 限界集落 過疎化地域		(移住・定住促進への取り組み事例は多数)	(就農支援、伝統文化・地場産業の伝承・復活、里地里山、都市農村交流、グリーンツーリズムなどへの取り組みがある)	(もともと地域内に団塊世代が少なく、団塊世代の自主的・自発的な活動に向けた施策・取り組み低調)

出典：図5－1と同じ　6頁に一部加筆

32

第5章　団塊世代の意向と健康長寿のまちづくりのための方策の提言

　このほか、このアンケート調査の結果および各種文献資料をもとに、団塊世代の活用により各種の施策・事業を講じている島根県江津市など先進的な全国の14か所を実地面接調査した結果、都道府県や市町村だけでなく、市民有志、企業など関係機関や団体、グループが団塊世代の地域デビューへの働きかけや地産地消、移住の促進、コミュニティビジネスの起業への支援、地域づくり、他世代交流などの施策や事業を講じていることがわかった（表5－2）。なお、具体的な活動内容については巻末の参考資料を参照していただきたい。

　ただし、これらの施策や事業などを講ずるにあたり、「世代・地域のニーズ把握」や「財源不足」などの課題を抱えているところが大半である。また、前述の「地域で輝く団塊世代～団塊パワーをまちづくりに～」のシンポジウムで実施したアンケート調査によると、団塊世代は現役時代、仕事に追われていてそれどころではなかったのか、地域でどのような団体やサークルがあり、かつどのように活動が行われているのか把握しておらず、「あまり知らない」および「まったく知らない」を合わせると全体の6割に達している（図5－9）。

　なお、「よく知っている」、あるいは「だいたい知っている」と答えた団塊世代の認知の方法は「自治体広報誌」や「家族・友人・知人に教えられて」「自治体ホームページ」と回答している（図5－10）。

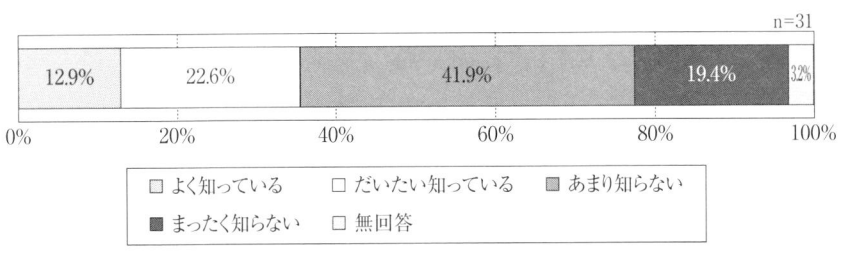

図5－9　市民活動団体・活動内容の認知

出典：図5－1と同じ　33頁を一部改変

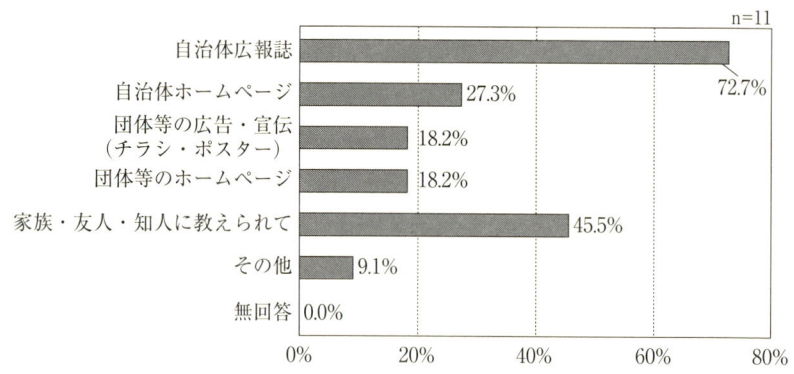

図５－10　市民活動団体・活動内容の認知の方法

出典：図５－１と同じ　35頁を一部改変

第３節　健康長寿のまちづくりのための方策の提言

　次に、団塊世代を活用した地域活性化についての方策であるが、「団塊世代を活用した健康長寿のまちの展開方策等を検討するための委員会」は、2008（平成20）年３月、①都市部における地域社会への回帰・参加の促進、②都市部で暮らす団塊世代の移住の促進（地方都市・農山漁村、過疎化地域）、③都市部における地域活性化に資する団塊世代の自主的活動への支援、④団塊世代の参画によるまちづくり、地域交流、産業振興の促進、の４つに類型化するとともに、地域特性を考慮しつつ、各テーマに適した取り組み例を示し、自治体などにおいて団塊世代の人材活用による健康長寿のまちづくりのための方策を提言した。これを受け、シルバーサービス振興会はこれらの提言を成果物として印刷し、全国の自治体など関係機関に配布し、その普及を図った。以下に参考ながらその具体的な内容について示す。

　まず、①の「都市部における地域社会への回帰・参加の促進（手法例：地域の市民活動グループへの団塊世代の参加促進）」では、関連部署や上位団体へのヒアリング調査を通じて地域の市民活動グループを把握し、団塊世代との協

第5章 団塊世代の意向と健康長寿のまちづくりのための方策の提言

手法例：地域の市民活動グループへの団塊世代の参加促進

ステップ1 市民活動グループの把握

実施事項
- 地域内で市民活動を展開しているグループ（組織・団体）と、その活動形態の把握

方策
- 関連部署・上位団体へのヒアリング・協力依頼を通し、市民活動グループを把握
- 名称、活動目的・内容、活動場所、代表者名・連絡先などの確認により、活動形態を把握
- 活動組織リストを作成し、活動ジャンル別に分類

◆上記方策の実施過程で、市民活動グループの活動目的・内容が、団塊世代との協働や自治体の施策目的の実現に適合しているかどうかを確認

ステップ2 市民活動グループの組織化・育成

実施事項
- 協議会づくりなど、市民活動グループの組織化

方策
- 市民活動グループ向けオリエンテーションの実施や、連携参加の意義・メリットのアピールなどにより、協議会等への参加を促進
- 協議会等の公認・NPO法人化、活動スペースの提供などにより、協議会等活動の立ち上がりを支援

◆協議会等を運営する事務局メンバーを確保し、連携上のリーダーとしての育成を支援

ステップ3 市民活動グループへの団塊世代の参加促進

実施事項
- 団塊世代への市民活動グループの周知、相互のマッチング

方策
- 協議会等と行政との合同イベントの共催などにより、多くの市民活動グループの活動内容や体験談を効果的にPR
- イベント案内・PRに向け、専用ホームページ、広報誌のほかローカルメディア、メールマガジンなど、多様な媒体を活用

◆団塊世代への現役時代からの活動参加の働きかけ、リタイア後の生活に対する自覚・イメージの啓発を促進

図5－11 都市部における地域社会への回帰・参加の促進

出典：シルバーサービス振興会「まちづくりハンドブック～地域で輝く団塊世代～」2008年 12頁を一部改変

働や地方自治体の施策の目的の実現に適合しているのかどうか確認したうえ、複数の市民活動グループで構成する協議会や特定非営利活動法人（以下「NPO法人」）化、活動スペースの提供による組織化・育成を支援する。そして、これらの協議会や行政とのイベントの共催やホームページ、メディアなどを通じ、団塊世代に対して市民活動グループへの参加を促す（図5―11）。

　また、②の「都市部で暮らす団塊世代の移住の促進」では、全体として庁内においてその横断組織を設置し、地域の資源の掘り起こしや魅力づくりによって他の地域との差別化を図る。

　具体的には、地方都市の場合（手法例：民間の活力・ノウハウを活用した移住関連ビジネスの展開）、移住対応の専門部署や機関を設置し、公民協働による受け入れ態勢を整備して総合相談窓口を設け、一般市民や町内会、自治会からその参画・協力を募集し、滞在施設や住宅の確保、市民との交流や農業・就業体験などを企画する。また、移住促進に関する各種イベントを企画し、都市の団塊世代に向けた情報を発信してPRしたり、移住関連ビジネスを育成・支援したりして都市の団塊世代の移住を促進する（図5―12）。

　これに対し、農山漁村、過疎化地域の場合（手法例：就業と住まいをセットにした都市部向け情報発信）、地方都市と同様に移住対応の専門部署や機関を設置し、公民協働による受け入れ態勢を整備して総合相談窓口を設け、一般住民やNPO法人、不動産業者との協働によって民家の空き家などを活用したり、就職情報誌など全国的な媒体を活用した情報発信を行ったりしてPRする。また、地元企業の求人情報の収集や雇用・就業情報の発信、人材と雇用のマッチング、起業相談体制の整備、移住促進のイベントなどを行い、地域で生かせるスキル・キャリアを持つ都市の団塊世代の移住を促進する（図5―13）。

　③の「都市部における地域活性化に資する団塊世代の自主的活動への支援（手法例：活動グループ・個人の自主性を尊重した、側面からの活動支援）」では、支援する対象の基準および支援の内容をそれぞれ設定する一方、活動グループや個人の活動の目的と地方自治体の施策の目的との整合性を確認し、支援を要望する申し込みの受け付けや支援を要望するグループや個人の活動の実態を把握し、書類選考やプレゼンテーション、面接によって絞り込む。そのうえで、

第5章　団塊世代の意向と健康長寿のまちづくりのための方策の提言

手法例：民間の活力・ノウハウを活用した移住関連ビジネスの展開

ステップ1　移住促進策の立案

実施事項	方　策
●庁内における横断的な推進組織の設置 ●地域の現状・課題・将来像を明確にし、推進組織内において共有化 ●自然環境、人的資源など地域に既存の資源の掘り起こしと魅力づけにより、他地域との差別化策を検討	●地域住民向け、大都市圏の団塊世代向けアンケート調査などの実施により、地域評価・ニーズを客観的に把握

留意点　◆都市生活者の視点に立った地域の強み・弱みを把握し、地域が大都市圏の団塊世代に期待する内容を明確化

ステップ2　移住促進体制・受け入れ体制づくりの推進

実施事項	方　策
●移住対応の専門部署・機関を設置し、公民の協働により受け入れ体制を整備	●ワンストップ型の総合相談サービス窓口の設置 ●一般市民や町内会・自治会からの参画・協力を募集し、組織化 ●体験居住用滞在施設・移住用住宅の確保、住民との交流や農業・就業体験などイベントプログラムの企画など、体験居住・移住の受け入れ体制を整備

留意点　◆一般市民や商工会・不動産業者・観光業者など関連団体間での問題意識の共有化を図り、連携への参画を促進

ステップ3　都市部の団塊世代の誘致、移住関連ビジネスの展開

実施事項	方　策
●移住促進イベント（体験居住ツアー、都市部での説明会・物産展などプロモーション）など、大都市圏の団塊世代に向けた情報発信・PRを実施 ●地域内の移住関連ビジネスの育成・支援	●情報発信・PR・イベントのアイデア公募・事業委託など、民間ノウハウの活用 ●移住者ニーズに応じた新たなビジネス形態・サービスメニューの開発

留意点　◆地元関連事業者の業種横断的な連携・協力
◆総合相談サービス窓口を中心として、地方自治体と地元関連事業者との連携を構築

図5－12　都市部で暮らす団塊世代の移住促進（地方都市）

出典：図5－16と同じ　13頁を一部改変

第2部　団塊世代の意向と地域デビュー法

手法例：就業と住まいをセットにした都市部向け情報発信

ステップ1　移住促進策の立案

実施事項
- 庁内における横断的な推進組織の設置
- 地域の現状・課題・将来像を明確にし、推進組織内において共有化
- 自然環境、人的資源など地域に既存の資源の掘り起こしと魅力づけにより、他地域との差別化策を検討

方策
- 地域住民向け、都市部の団塊世代向けアンケート調査などの実施により、地域評価・ニーズを客観的に把握

留意点　◆都市生活者の視点に立った地域の強み・弱みを把握し、地域が都市部の団塊世代に期待する内容を明確化

ステップ2　移住受け入れ体制づくりの推進

実施事項
- 体験居住用滞在施設・移住用住宅を整備

方策
- 一般市民の協力、NPO法人・地元不動産業者などとの協働により、民間空き家などを活用

留意点　◆情報収集・紹介・契約業務など空き家活用業務における、行政、NPO法人、不動産業者の役割分担を明確化

ステップ3　都市部の団塊世代の誘致

実施事項
- 移住促進イベント（体験居住ツアー、都市部での説明会・物産展などプロモーション）など、都市部の団塊世代に向けた情報発信・PRを実施
- 地域で生かせるスキル・キャリアを持つ都市生活者の誘致

方策
- 就職情報誌など全国的な媒体を活用した情報発信・PR
- イベントの事業委託など民間ノウハウの活用
- 地元企業の求人情報の収集、雇用・就業情報の発信、人材と雇用のマッチング、起業相談体制の整備の推進
- 就業と住まいをセットにした情報の発信

留意点
- ◆体験居住ツアーを地元へのリクルート活動の機会としても活用
- ◆都市生活者の2地域居住願望と、地元企業の季節就業需要とのマッチング

図5－13　都市部で暮らす団塊世代の移住促進（農山漁村、過疎化地域）
出典：図5－16と同じ　14頁を一部改変

空き教室など公的な余剰スペースを活動の場として提供したり、同種の活動グループや地域の企業や団体、学校などとの橋渡し、あるいはネットワークづくりを支援する。

また、各種団体やその活動内容の広報の協力やイベントへの協力、スキルアップ支援、NPO法人化、コミュニティビジネス化、ワーカーズコレクティブ化など活動事業化支援、施策立案過程での参画の要請、活動グループなどからの企画提案の募集、指定管理者制度の導入、研修・講座・シンポジウムの委託など、活動グループの活用を通じ、都市部の団塊世代に対し、地域活性化に資する自主的活動への支援参加を促す（図5―14）。

さらに、④の「団塊世代の参画によるまちづくり、地域交流、産業振興（手法例：参加型イベントを活用した団塊世代のまちづくり参画のきっかけづくり）」では、庁内に横断的な組織を設置して、各部署から意見を集約し、地方自治体の現状の認識や地域の課題を整理する。そして、地域の団塊世代の活用の目的や参画を期待する分野を明確にし、団塊世代の参画の可能性を把握する。このほか、地域の課題の解決や団塊世代の参画、地方自治体の施策の目的の実現が期待できるテーマや目標を設定したうえで、実施・運営要領の検討、参画の方法や形態、コーディネーター、ファシリテーターなどの人選を行う。そして、研修や実施時期・期間、費用、会場、協力機関・団体などを設定し、団塊世代と行政、協力機関・団体などとの役割分担や連携の方法を検討し、ホームページや広報誌などで団塊世代の参画によるまちづくり、地域交流、産業振興の促進を促すのである（図5―15）。

以上、団塊世代の人材活用による健康長寿のまちづくりのための方策の提言を紹介した。なお、財団法人シルバーサービス振興会のホームページ（平成24年2月現在）では、ここで紹介した実施事項と方策とともに、それらを実践する際に発生が想定されるニーズを予測し、ニーズへの取り組み事例を中心に、対応策や具体的な効果を紹介しているので、詳しくは同財団のホームページを参照いただきたい。

第 2 部　団塊世代の意向と地域デビュー法

手法例：活動グループ・個人の自主性を尊重した、側面からの活動支援

ステップ 1　支援する対象・内容・方法の検討

実施事項
- 支援対象基準の設定
- 支援内容の設定

方策
- 活動グループ・個人の活動目的と地方自治体の施策目的との整合性の確認・把握

留意点　◆地域課題解決、地域活性化の視点からの支援

ステップ 2　支援の決定

実施事項
- 支援要望の申し込み受付
- 支援要望グループ・個人の活動実態の把握

方策
- 支援要望の受付、ホームページ、広報誌による支援の案内
- 書類、プレゼンテーション、面接などによる選考

ステップ 3　活動に対する側面支援

実施事項
- 活動維持基盤（人材、費用、施設・設備など）に対する支援
- 活動グループ・個人への社会的信用の付与・向上
- 協働の推進による活動グループ・個人の育成支援

方策
- 空き教室など公的余剰スペースの提供、地方自治体職員の派遣・助言
- 活動グループ・個人の業務維持に必要なスキルアップ支援
- 同種の活動グループ、地域団体、学校、地域企業などとの橋渡し、ネットワークづくり支援
- 活動グループ・活動内容の広報協力と、開催イベントへの協力（起業講座、講演会、フォーラムの開催、相談会、既存団体とのマッチング・交流促進などへの助成・後援など）
- NPO 法人化、コミュニティビジネス化、ワーカーズコレクティブ化など活動の事業化支援
- 企画提案の募集、研修・講座・シンポジウムの委託、施策立案過程での参画要請、指定管理者制度の導入など活動グループ等の積極活用による育成と社会的信用の付与・向上

留意点
◆活動グループ等の自主性の尊重と事業の継続性
◆地域貢献を通した活動グループ等の地域社会への定着

図 5 －14　都市部における地域活性化に資する団塊世代の自主的活動への支援
出典：図 5 －16 と同じ　15 頁を一部改変

第5章　団塊世代の意向と健康長寿のまちづくりのための方策の提言

手法例：参加型イベントを活用した団塊世代のまちづくり参画のきっかけづくり

ステップ1　団塊世代を活用したまちづくり方策の立案

実施事項
- 地方自治体の現状認識、地域の課題の抽出・整理
- 地域の団塊世代の人材活用目的、団塊世代の参画を期待する分野の明確化
- 地域の団塊世代の参画意向・参画可能性の把握
- まちづくりに関連する地域の人材・人的資源の把握

方策
- 庁内企画検討委員会など庁内横断的な推進組織の設置
- 庁内各部署からの意見集約と課題の共有、地域課題に対する関係機関からの意見ヒアリング
- アンケート調査、グループヒアリング、インターネット調査など地域の団塊世代の意向調査の実施
- コミュニティ組織、NPO法人、研究機関など地域内の関連組織・団体の把握

留意点
◆地方自治体の施策目的と団塊世代の人材活用目的との整合性

ステップ2　まちづくり参加事業の企画

実施事項
- 企画する事業のテーマ・目標の設定
- 実施・運営要領の検討

方策
- 地域課題の解決、団塊世代の参画、地方自治体施策目的の実現が期待できるテーマ・目標の設定
- 参画方法・形態の設定（モデル事業、ワークショップ、タウンミーティング、講演会、シンポジウム、人材育成講座、市民委員会・まちづくり協議会など）
- コーディネーター（調整役）・ファシリテーター（ワークショップ世話役）などの人選、研修、実施時期、費用、事業協力組織・団体などの設定
- 団塊世代と行政と事業協力組織・団体の役割分担、連携方法

留意点
◆意向調査の結果を踏まえた参画方法・形態の設定
◆定性的・定量的な目標設定

ステップ3　まちづくり参画事業の実施と展開

実施事項
- 団塊世代へのアナウンス、参画者・グループの募集
- 事業の実施・運営

方策
- ホームページ、広報誌など地方自治体の媒体のほか、関連団体・企業へのアナウンス協力依頼
- 活動スペースの提供、職員派遣、相談・助言、必要な情報の提供

留意点
◆事業終了後の、事業継続可能性の検討
◆事業終了後の、客観的な事業評価（団塊世代への波及効果など）、他の活動へフィードバック

図5-15　団塊世代の参画によるまちづくり、地域交流、産業振興の促進

出典：図5-16と同じ　16頁を一部改変

第6章　団塊世代の地域デビュー法

第1節　情報媒体と国および地方自治体の活用法

1．身近にある情報を収集する

　次に、団塊世代は今後、どのような形で地域デビューすればよいのかということであるが、それまで培ってきたノウハウや資格、情報、技術、技能、行動力を生かし、早めに地域デビューすることが重要である。

　具体的には、有償ボランティアやコミュニティビジネスを起こしたり、参加することである。もっとも、これらの活動を起こしたり、参加したりすることだけが地域デビューではなく、市町村などが行っているセミナーや講座などに参加することもその第一歩である。

　そこで、週末や休日に自宅でテレビを観たり、音楽を聴いたり、散歩などをして過ごすだけでなく、市町村や市町村社会福祉協議会（以下「市町村社協」）、商工会の広報誌、ホームページ、新聞、書籍、ミニコミ誌や、公民館、コミュニティセンター、図書館、福祉施設などに置かれているチラシ、友人や知人の口コミから、団塊世代の地域活動を紹介するセミナーや講座、学習会、講演会、シンポジウム、実践報告会などの情報をこまめにチェックするのである。

　そして、関心が持てそうな行事や講座があったら電話やファックス、インターネットで問い合わせ、見学やオブザーバーとして参加させてもらい、自分の考え方や活動への思いなどを十分検討したうえで、正式に参加するのかどうか決めればよい。

　もちろん、なかにはこのような既存の組織や団体のセミナー、講座などに頼らず、職場や趣味の仲間を募って新たにサークルや特定非営利活動法人（以下「NPO法人」）を立ち上げたいという向きもあるかもしれない。その場合、地

域によってはこのような団塊世代を対象に地域デビューのきっかけづくりとなる各種行事や講座を行っているところも増えているため、このような関係機関がないかどうか、市町村や市町村社協、NPO法人に問い合わせることも一考である。

また、単に相談に応じたり、講座への参加を呼びかけたりするだけでなく、活動への参加や事業化のための仲間づくり、活動資金の助成・補助などを行っているところもあるため、八方手を尽くして情報を収集することが大切である。その意味で、まずはインターネットを十分に活用したいものである。

2．行政等から公表されている情報を収集する

また、市町村の広報誌や各種行政計画、アンケート調査結果などを入手し、その内容をチェックすることも必要である。そして、地域の問題や課題の解決のため、市町村や市町村社協などがどのような住民の参加を望んでいるのか、調べることである。

具体的には、社会福祉法で策定が努力義務とされている市町村の地域福祉計画や市町村社協の地域福祉活動計画、あるいは地方自治法上の基本構想（総合計画）、およびこれらの個別計画である老人福祉計画、介護保険事業計画などの福祉3プラン、さらには、これらのもとになっている各種アンケート調査報告書などで調べるのである。ちなみに、これらの計画書や調査報告書、概要版は関係機関の窓口で無料配布されるほか、概要版は行政のインターネットや図書館、公民館、コミュニティセンター、市町村社協などで閲覧できる。

そして、これらの内容を分析したのち、自分や自分たちの仲間が今まで培ってきたノウハウや資格、情報、技術、技能、行動力をどのように有効に活用すれば参加者のモチベーションを上げることができ、かつ地域デビューして地域活性化に貢献できるのか、検討するのである。

3．現役時代の肩書きを売り物にしない

いずれにしても、社会参加をする際、特に男性は現役時代の肩書きを売り物にせず、一住民として臨むことが大切である。これに対し、女性、わけても専

業主婦の場合、夫の転勤やマイホームの住み替えなどで転居しても、出産や子育て、あるいは買い物や趣味を通じ、地域に自然な形でネットワークをつくる機会が多いため、高齢期への段階的移行においても比較的スムーズに地域デビューできるのではないかと思われる。

なお、地域デビューしたいという意識があっても65歳くらいまでは仕事の関係上、都合がつかないという場合もあり得る。筆者の場合もそうであるが、そのような場合は別の人に代役を依頼し、しばらくは黒子に徹し、ケースバイケースで参加するなど、その地域や組織に見合った対応を考えればよいのではないかと思われる。

第2節　学習活動と地域活動

1．仲間全員で確認したうえで行動に移す

次に、これらの情報収集、各種講座や事業・施策に参加したあと、その結果や成果について仲間を集めて学習会を開き、情報を共有したうえで地域デビュー、つまり、ボランティア活動やコミュニティビジネスに取り組むことが大切である。

ただし、コミュニティビジネスの場合、従来のビジネスと異なり、その事業・活動を起業する関係者のミッション（使命）があってのものとなるため、このミッション（使命）をあらかじめ仲間全員で確認したうえで、行動に移すことが必要である。

具体的には、「現役時代の仕事に完全燃焼できず、このまま人生を終えるのは嫌だから」などといった単純な動機だけからなのか、あるいは老後の生活資金の確保のためなのか、それとも自分がこれまで培ってきたノウハウや資格、情報、技術、技能、行動力を生かして地域デビューし、地域活性化に貢献したいのかなどを検討する。

なお、なかには1人でコミュニティビジネスに取り組むこともあるかもしれないが、このような場合、地域の実情や利用者の掘り起こし、資金の調達など十分なマネジメント力が問われるため、家族や友人、知人などからアドバイス

を受けたい。

2．事業・活動の規模や資金、開業場所を決める

　そして、これらのミッション（使命）やタイムテーブルが確認でき、かつ家族や友人、知人など第三者に対して理解してもらえるのであれば、ボランティア活動、またはコミュニティビジネスとして起業すべく、事業・活動の規模や資金、開業の場所を決める。なぜなら、その方が自分のノウハウや資格、情報、技能、技術、行動力を生かすことができ、かつリスクも少なくなるからである。

　もちろん、一念発起し、大学院や通信教育で新たな技能や資格を得て起業に備えることも考えられるが、このような場合、できれば現役時代にチャレンジし、定年退職後、ただちにそのノウハウや資格、情報、技術、技能、行動力を生かすことができるよう、早めに準備することが求められる。

　資金や開業の場所については、市町村や市町村社協などが公共施設や民間施設の貸し出し、または事業資金の融資・補助を行っているのかどうか、あるいはこれらの事業・活動の立ち上げに関する情報の提供や相談、指導体制をとっているのかどうか照会する。なかには東京都三鷹市のように講座と連携し、起業の方法などの経営指導を行っているところもある。

3．無理せず、地道に

　ともあれ、活動・事業の規模は自分や家族、あるいはミッション（使命）を同じくする友人や知人など少人数で始め、軌道に乗ったらパートや正規のスタッフを徐々に揃えるなど人件費を極力抑えることが必須である。

　また、開業の場所も活動・事業の種類によって一概にいえないものの、最初は自宅の一室や離れ部屋、あるいは友人や知人の自宅、さらには家賃の安いアパートや「シャッター通り」の空き店舗を割安で借りるなどしてコストを最小限に抑え、家賃の高い都心のマンションやビルでの開業は将来の楽しみにしておきたいものである。

第2部　団塊世代の意向と地域デビュー法

第3節　取り組みとその広報宣伝

1．ミニコミ誌やチラシの配布、ホームページやブログの開設

　最後に、このような取り組みを始めたら利用者の確保をめざし、活動・事業の広報と宣伝に力を入れることになる。たとえば、定期的にミニコミ誌やフリーペーパー、チラシを作成し、不特定多数の市民が出入りする図書館や公民館、

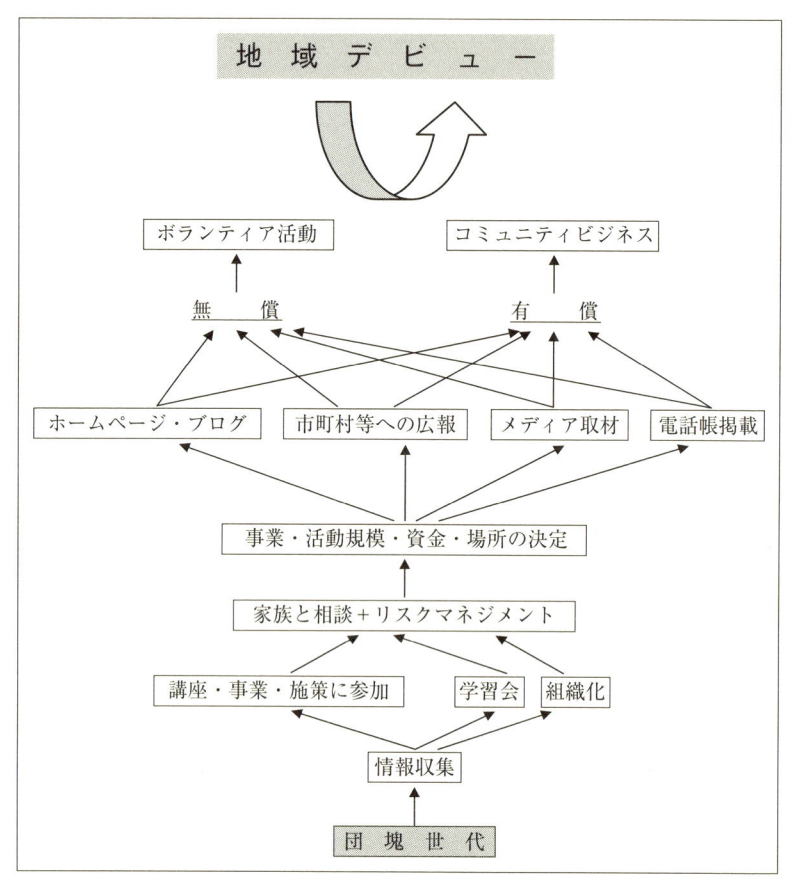

図6－1　地域デビューの手順

コミュニティセンター、集会所、病院、福祉施設に置いてもらったり、手分けをして学校や団地、民家にポスティングしたりする。

また、インターネット上にホームページやブログを開設したり、市町村や市町村社協、町内会、自治会、商工会のニュースなどの情報コーナーで紹介してもらう。さらには新聞やテレビ、市民ラジオ、地域のミニコミ誌、フリーペーパーに取材を依頼して記事を掲載してもらったり、電話帳に電話番号を掲載したりすれば完璧ではないかと思われる（図6-1）。

なお、文字どおり、無償ボランティアによる地域デビューの場合、上述したようなコミュニティビジネスと違い、リスクは極めて少ないが、無償だからといって安易に地域活動にかかわらないことである。利用者にとっては有償、無償にかかわらず、期待を寄せるため、その継続性が求められるからである。そこで、無償ボランティアの場合、市町村社協や町内会・自治会、老人クラブなどの組織に加わって活動することがよいのではないかと思われる。

2．非営利の任意団体でスタートさせる

なお、コミュニティビジネスとして起業する場合、行政や住民に対する信用度を高めるにはNPO法人などの法人格があればそれに越したことはないが、活動が表6-1のうちのいずれかでなければならないほか、会計帳簿もしっかりつけなければならない。何よりも活動の実績がないと認証の取得ができない。

そこで、とりあえず非営利の任意団体として活動を始め、2～3年経って実績が上がった段階で所轄の都道府県の窓口へ認証の申請をするのがベストではないかと思われる。申請書類の作成は司法書士や行政書士が有料で代行してくれるが、インターネットを活用すればだれでも作成できるほか、都道府県の申請窓口でも指導してくれる。

第2部　団塊世代の意向と地域デビュー法

表6-1　特定非営利活動法人（NPO法人）の活動分野

```
特定非営利活動促進法別表
 1．保健、医療または福祉の増進を図る活動
 2．社会教育の推進を図る活動
 3．まちづくりの推進を図る活動
 4．観光の振興を図る活動
 5．農山漁村または中山間地域の振興を図る活動
 6．学術、文化、芸術またはスポーツの振興を図る活動
 7．環境の保全を図る活動
 8．災害救援活動
 9．地域安全活動
10．人権の擁護または平和の推進を図る活動
11．国際協力の活動
12．男女共同参画社会の形成の促進を図る活動
13．子どもの健全育成を図る活動
14．情報化社会の発展を図る活動
15．科学技術の振興を図る活動
16．経済活動の活性化を図る活動
17．職業能力の開発または雇用機会の拡充を支援する活動
18．消費者の保護を図る活動
19．前各号に掲げる活動を行う団体の運営または活動に関する連絡、助言ま
    たは援助の活動
20．前各号に掲げる活動に準ずる活動として都道府県または指定都市の条例
    で定める活動
```

第4節　今後に向けた提言

　最後に、団塊世代の地域デビューを実現する場合における「今後に向けた提言」を述べたい。

1．老後を考える
　第1は、いうまでもないが、団塊世代の老後はますます少子高齢社会および

人口減少社会が進むなかで迎えることになるため、自分や家族の老後について考えることである。

　たとえば、多少の預貯金や公的年金、マイホームがあったとしても、虚弱になったり、要介護になったりした場合、おいそれと介護保険制度のサービスを利用することは、利用者の急増によって予断を許さない状況が現実にあるからである。現に、人気のある介護老人福祉施設（特別養護老人ホーム）の入所待機者は全国で42万5,000人にも達しており、このような傾向はさらに進むのではないかと予想されている。

　そこで、老後をどこで迎え、困ったらどうすべきか、老後の生活設計を夫婦で考えることが大切である。すなわち、終の棲家をどこにし、健康なうちからどのように地域デビューして「遠くの親戚よりも近くの隣（他）人」を確保していくのかを考え、行動することが求められているのである。もちろん、そのような人材がいなければ自分たちがその人材となるよう、努力することも大切である。

2．地域と人を知る

　第2は、終の棲家とする地域はどのような特性で、かつどのような人がいるのか、確認することである。なぜなら、地域デビューするにはその地域や地元の住民たちのライフスタイルなどがわからなければ策の施しようがなく、カラ回りをして徒労に終わるだけだからである。

　そこで、前述したように、終の棲家とする地域の行政のレベルや住民の意識、病院や施設の整備状況、さらにはどのような人材がいるのか、つぶさに調べることが必要である。

　要は、住み慣れた地域でだれもが安心・安全な生活を営むことができるような社会資源や人材が揃っていればよい。たとえば、関係機関の場合、市町村でも市町村社協でもよい。地域包括支援センターや病院、福祉施設、NPO法人、商工会、町内会、自治会、老人クラブ、生活協同組合、農業協同組合、森林組合でもよい。

　また、人材では市町村や市町村社協の職員、病院の医師、看護師、保健師、

介護支援専門員(ケアマネジャー)、訪問介護員(ホームヘルパー)などいずれでもよいが、できれば地域活動をマクロ、メゾ、ミクロでの視点からも見ることができ、地方自治や地域福祉に詳しく、かつ組織の維持や管理、運営に詳しい研究者が望ましい。もっとも、「船頭多くして船山に登る」では困るため、そのキーパーソンはなるべく少数で、しかし、自助自立と社会連帯を呼びかけ、実践する人材が望ましい。

その意味で、このキーパーソンとして団塊世代が期待されるのである。再三述べているように、団塊世代は現役時代に培ってきたノウハウや資格、情報、技術、技能や行動力、さらにはスケールメリットを有しており、定年退職後、いかに地域デビューすべきか思案していると思われるからである。そして、これまで培ってきたノウハウなどを生かすべく、地域福祉や地方自治などに関する知識を習得していけば、団塊世代は地域におけるキーパーソンになる可能性が大ということになるのである。

3．活動の場を確保する

第3は、活動のための場を確保することである。公民館やコミュニティセンターなどの公共施設の利用料は無料で助かるものの、事前の予約が必要なうえ、他の関係者と重なれば抽選になるなど使い勝手が悪い。このため、研究会や催しの会場、あるいは地域サロンとして、こちらの都合に応じてすぐには使用できないからである。また、数が少ないうえ、人によっては距離も遠いので歩いて行けないため、近隣の住民しか利用できない。

そこで、喫茶店や空き店舗、アパートの借用などが考えられるが、いずれも有料で、中長期的に使用するわけにはいかないため、住民の有志が自宅の一部を地域に開放したり、空き家をただ同然で借りたりして活動の場を確保することが大切である。また、この場合、仲間や利用者が自宅から歩いて5～10分以内の交通の便利なところが理想的である。

4．明るく元気で楽しく、無理をせず

第4は、仲間はみんな明るく元気で楽しく、無理をせず、地域活動に取り組

んでいくことが必要である。地域活動においてはすぐに効果が現れることはほとんどないため、どうしても5年、10年という長いスパンで考え、展開していかなければ一般住民の方に理解して参加してもらえないからである。

　まして地域活動に意向を持っている団塊世代は、長年、「仕事人間」、あるいは「会社人間」という傾向が強いため、地域に友人や知人が少ないのが一般的である。このため、地域デビューの方法がわからない、あるいはわかっていても周りの様子をみて参加するなど、人によっては行動に慎重さもあるからである。

　しかし、参加すれば老後の備えになるだけでなく、地域活性化にも貢献できるため、地域活動はとにかく明るく元気で楽しいということをアピールするよう、勧誘する側も考慮しなければならない。また、これから地域デビューを検討している団塊世代は、地元の関係団体が本当に明るく元気で楽しく、しかし、大変なときは参加を見送ることもできるような活動をしているかどうか、観察することが大切である。

5．継続も力なり

　そして、最後の第5は「継続も力なり」で、上述したように、5年、10年という長いスパンで地域活動に取り組んでいくことである。老後や人生などについてさまざまな考え方を持っている住民がいるため、どんなに拍手喝采を受けるような地域活動でも、ゲスト、すなわち、利用者としては参加するものの、ホスト、すなわち、スタッフとしての参加となると腰が引ける人が多いのは世の常だからである。

　しかし、このようなことではいつまで経っても安心・安全なまちづくりは他人任せ、行政頼みということになり、安心な老後や地域活性化などは望むべくもない。私見ではあるが、最近いわれている「無縁社会」も所詮は他人任せ、行政頼みだからこそ生み出されるのであって、では、なぜ、住民自らが積極的に地域デビューして不安な環境をなくすよう努めないのか、と筆者たちは思うのである。

　ちなみに、筆者は10年以上前、東京都東久留米市で地元の市社協の主催で2

年にわたる市民福祉講座の講師を務めた際、受講者に地域福祉の学習活動やボランティア活動としての組織化を提案し、非営利の任意団体である「人生100年を楽しむ会」の運営顧問を10年務めたが、11年目の会長の互選の際、後継者が見つからず、解散したという苦い経験がある。地域活動はそれだけ住民の意識と参加の意欲にかかっており、かつ継続のための組織管理が求められるのである。

　その点、団塊世代は「数は力なり」だけでなく、戦後の民主教育を受け、激動する社会にまみれることもなく、長い人生のなかで培ったノウハウや資格、情報、技術、技能、行動力を持った有能な人材である。それだけに、「新しい公共」の旗手として地域デビューし、短期、中長期的なスパンで地域活動に取り組み、シニアや現役、さらには学生などに範を示し、自らの「人生100年」にバンザイをするとともに、地域社会、さらにはこの国の政治や経済、社会がよりよいものとなるよう、活躍してもらいたいものである。もちろん、筆者ら家族も微力ながらその１人になることができればと思っている。

第3部

私たち夫婦の実践

第7章 終の棲家と地域福祉実践

第1節 研究実践を通じた社会貢献

　さて、第1部で団塊世代の定義や特性、役割と注目点、団塊世代を取り巻く環境、人材としての団塊世代、コミュニティビジネスの可能性および団塊世代の活動を支援する行政施策、第2部で団塊世代の意向と地域デビュー法について述べてきたので、第3部では、私たち夫婦の実践についてご紹介したい。

　具体的には、終の棲家として福祉の先進地の1つである東京都武蔵野市で、後述する「まちかど福祉」というコンセプトで地域福祉を実践すべく、賃貸併用住宅の一部を研究所として地域に開放し、大学院の教え子をはじめ、友人や知人たちを対象に実施していた研究会を「市町村合併と地域福祉」をテーマに発展・拡大させ、同時に地域サロン「ぷらっと」をオープンし、毎週、ミニ講座などを開くほか、地域活動にも参加してネットワークづくりに取り組んでいるものである。

　それというのも、私たち夫婦は団塊世代で、ともに実父を看取っているが、いずれは義母を看取り、かつ都外に別居している息子夫婦に依存しない私たちの老後のためにも、より福祉の進んだ武蔵野市で地域デビューし、地元の住民たちとの共助をシステム化する必要があると考えたからである。

　ちなみに、長年住んでいる都下の一戸建て住宅の周辺は東京では考えられないほど自然がまだ残っているものの、隣の武蔵野市に比べると福祉の点では見劣りするため、同市で「まちかど福祉」を実践することになったのである。

　また、筆者は社会福祉の研究者で定年までまだ5年ある。一方、妻も山歩きの寄稿や各種講座の講師を務めるエッセイストであるため、現役を引退し、山荘のある軽井沢でリゾートライフというわけにもいかない。まして冬の酷寒を

考えればなおさらの決断であった。何よりも「社会福祉の研究者は終の棲家とする地元で実践し、社会貢献すべきである」との持論が「まちかど福祉」へのチャレンジとなった。それも20年以上も前からのことである。

実は筆者は10年前、生まれ故郷の静岡で、実母や近隣に住む弟夫婦と話し合い、古い一戸建て住宅の実家をバリアフリーに改修、宅老所として地域に開放し、5年ほど運営した経験がある。また、当時、同県下の宅老所およびグループホームを運営する仲間と静岡県宅老所・グループホーム連絡協議会の結成にかかわったこともある。このような地域活動が「まちかど福祉」の構想を実践化へと推し進めたのである。

第2節 「まちかど福祉」のコンセプト

ところで、「まちかど福祉」とは、住民のだれもが自宅から行き来できる日常生活圏における地域福祉の実践の場という筆者のコンセプトである（図7―1）。それは、政府や地方自治体、社会福祉協議会（以下「社協」）が推奨している小・中学校通学区域における地域福祉では日常生活圏としては広すぎるのではないか、それよりも「向こう三軒両隣」「スープの冷めない距離」こそ本来の日常生活圏ではないか、という筆者の持論からくるものである。

そこで、"福祉のコンビニエンスストア"をめざし、大学院の教え子、あるいは地域福祉を研究している若い人たちとの研究実践の場とする福祉デザイン研究所を設け、そこに地域サロン「ぷらっと」も併設したというわけである。

具体的には、研究所は、全国を対象とした地域福祉の調査研究を行う研究部、および年金や老後、介護等をテーマにしたミニ講座などを運営するサロン部からなる組織とし、研究者や住民のふれあいの場とする。もちろん、ミニ講座の受講者の要望があれば、必要な調査や研究、および地元の市社協や病院、福祉施設、居宅介護支援事業所、地域包括支援センターなどの紹介やサービスの連携・調整も行うことにした。

もとより、このようなことは本来、行政が行うべきであるが、いくら財政が豊かな武蔵野市でもただちに実施することは困難なため、住民が自主的、自発

第3部　私たち夫婦の実践

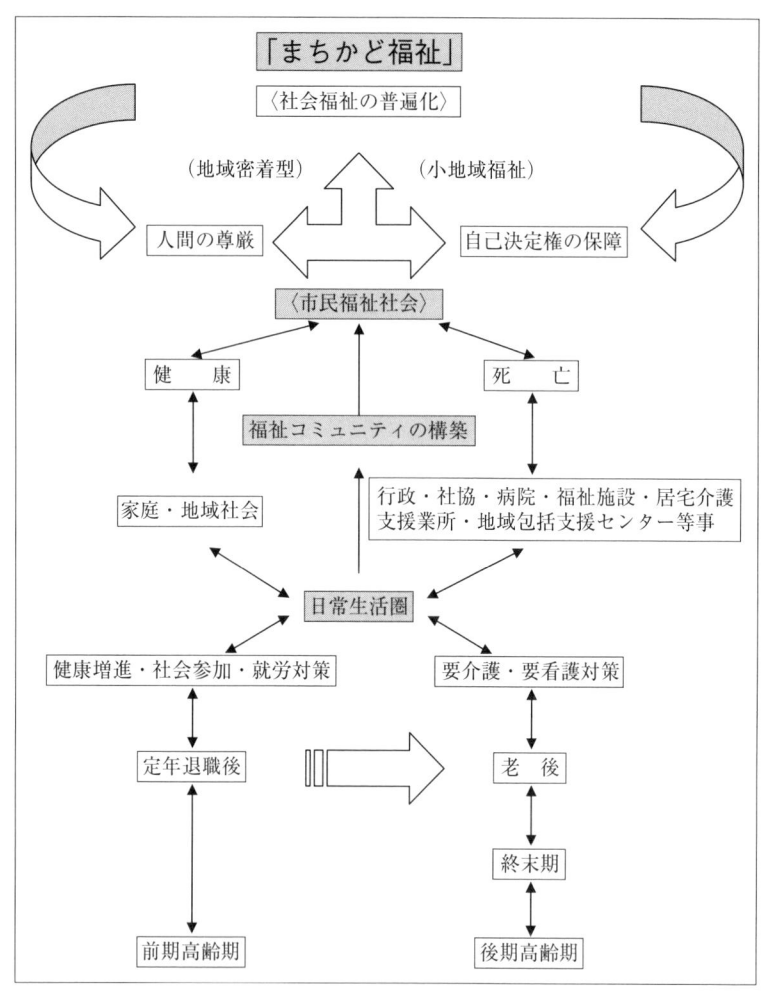

```
                    「まちかど福祉」
                   〈社会福祉の普遍化〉

              （地域密着型）   （小地域福祉）
                  人間の尊厳  ⇔  自己決定権の保障

                      〈市民福祉社会〉
                  健　康          死　亡
                      福祉コミュニティの構築
              家庭・地域社会    行政・社協・病院・福祉施設・居宅介護
                               支援業所・地域包括支援センター等事
                          日常生活圏
              健康増進・社会参加・就労対策    要介護・要看護対策
                  定年退職後  ⇒  老　後
                                  終末期
                  前期高齢期      後期高齢期
```

図7−1　「まちかど福祉」のコンセプト

的にこのような場を提供し、代行することも必要である。とりわけ、筆者ら夫婦のような団塊世代、それも地域福祉の研究者は地元でその理論の検証をするためにも実践すべきではないか、と考えたのである。

第3節 「まちかど福祉」の実践

1．なぜ、武蔵野市か

　それにしても、なぜ、筆者たちが「まちかど福祉」の実践の場として武蔵野市にこだわったのか、詳しく述べたい。

　同市は杉並区や練馬区、西東京市、小金井市と隣り合い、新宿や東京駅まで中央線で20〜40分と至便な割には、国木田独歩など多くの作家が愛した武蔵野の自然がまだ残っており、住民のニーズは他の地域に比べて多様で、かつ高い。しかも高額所得者の作家や学者、文化人が多く在住しているため、財政力指数は全国でもトップクラスで、かつ成熟した住宅都市として人気がある。

　もっとも、2010（平成22）年現在、約13万5,000人（高齢化率20.0％）である人口は、2009（同21）年にピークに達したのちに減少に転じており、約6,000人が在住する団塊世代は、2014（同26）年には全員が65歳以上の高齢者となるため、高齢化率は22.2％に上昇する見込みである。

　そこで、市はこのような状況を見越し、1981（昭和56）年、市内の不動産を担保に在宅サービスの利用料や生活費を融資するリバースモーゲージを行う福祉公社を全国で初めて設置した。また、昭和50年代以降、住民の「自主参加・自主企画・自主運営」を基本理念としたコミュニティセンターの整備に着手し、2011（平成23）年現在、市内に20か所設置されており、それぞれの規模に応じ、1か所当たり年間500〜600万円の人件費や運営費などの指定管理費のほか、同200〜300万円を補助している。

　さらに、1999（平成11）年度以降、市が民家を借りてバリアフリーに改修し、市内のボランティア団体や特定非営利活動法人（以下「NPO法人」）などに高齢者の憩いの場として運営を委託する「テンミリオンハウス」にも取り組んでおり、2011（同23）年現在、7か所設けている。いわば公設民営の宅老所で、介護保険外の会食や団らんなどのサービスを提供する施設である。

　なお、運営スタッフの人件費や事業の運営費については、1か所当たり1,000万円を上限に補助を行っている。

第3部　私たち夫婦の実践

　その他にも、市内の生活道路で運行されるコミュニティバスの「ムーバス」、軽自動車によって高齢者や障害者の外出を支援する福祉有償輸送の「レモンキャブ」、0～3歳の児童を預かる子育て支援施設の「0123吉祥寺」、市内在住の医師夫妻が市に寄贈した用地に建設し、ボランティアによって運営される単独型デイサービスセンターの「北町高齢者センター」など、先駆的な福祉政策を次々に実施している。
　そこへ、同じJR中央線の吉祥寺駅や三鷹駅周辺に比べ、インフラの整備が遅れ気味であった武蔵境駅で、1995（平成7）年に東京都とJR東日本が総事業費約1,700億円をかけ、三鷹～立川駅間の13.1キロの連続立体交差事業に着手することになった。このため、市も2011（同23）年7月、住民の地域活動や青少年の居場所の機能を併せ持つ「武蔵野プレイス」を駅の南口にオープンさせるなど、駅前再開発事業を手がけることになったため、「まちかど福祉」の実践の場もこの武蔵野市境（武蔵境）になったのである。

2．武蔵野市の硬直化した事業

　上述したように、武蔵野市はコミュニティセンターやテンミリオンハウスの設置など、さまざまな施策を行ってきた。このような武蔵野方式は住民の地域活動や、介護保険制度に先駆けた地域福祉の拠点として注目されているが、まだまだ数が十分ではない。
　また、送迎サービスは行っていないため、周辺の住民しか利用できず、かつ活動も囲碁・将棋やカラオケ、生け花教室など毎年決まった活動しか行われておらず、マンネリ化しているところが多い。
　なかでも問題となっているのはコミュニティセンターで、だれでも無料で利用できるものの、申し込み者が多いと抽選になるため、自由に利用できない。しかも、コミュニティセンターは市民協働推進課、テンミリオンハウスは高齢者支援課と"縦割り行政"になっているため、双方の連携が図られておらず、日常生活圏における地域活動の拠点とはいいがたい。
　一方、武蔵野市民社会福祉協議会（以下「武蔵野市民社協」）は、市内の13か所に地域社会福祉協議会（以下「地域社協」）を設け、1地域社協当たり年

間40万円を補助しているが、連絡先はそれぞれの会長宅となっているため、日常的な活動の場はコミュニティセンターなどを借りなければ不可能である。また、会員も民生委員や一部の住民世帯にとどまっており、地域福祉の拠点になりきれていないのが実態である。

　そこで、「福祉デザイン研究所」の部員の研究者や地域サロンに出入りする住民が自由に交流し、そのネットワークを通じて「まちかど福祉」の実現、すなわち、互いに見守り、支え合って安心・安全なまちづくりに努め、コミュニティセンターやテンミリオンハウス、さらには地元の境地域社協などとも連携を図ることができればと考えたのである。

　これには筆者が以前、同市の地域福祉計画の策定委員会や障害者計画推進協議会、武蔵野市福祉公社などの再編を協議する有識者会議に委員として、また、勤務先の学生の実習先として武蔵野市民社協とかかわって以来、市長をはじめ、関係幹部と懇意にさせてもらっているという背景もある。

第4節　「福祉デザイン研究所」の建設

1．物件探しと建物の設計・施工

　上述したとおり、私たち夫婦は「まちかど福祉」の実践の場を武蔵野市に限定した。

　そして、地元の不動産業者に適地の照会を依頼した結果、探し始めて3年後、同市境で、JR中央線の武蔵境駅から徒歩5分という好立地の物件が見つかった。土地は約150平方メートルしかなかったものの、東南の角地の更地であったので購入した。2003（平成15）年のことである。

　もっとも、ただちに建物を建てるほどの予算はなかったため、その後、5年間、契約駐車場にして資金繰りに努めたあと、鉄筋コンクリート造り3階建ての賃貸併用住宅を建てた。そして、1階は研究所と自室（2LDK）、2～3階は賃貸マンション（1K3室と2DK2室）とし、1階の書斎を研究所の事務室、応接室を地域サロン「ぷらっと」として併用する一方、奥の1DKは夫婦のプライベートの部屋とすべく妻と間取りを考えた。そして、設計・施工業者

第3部　私たち夫婦の実践

写真7－1　福祉デザイン研究所の外観
（筆者撮影）

に修正してもらい、研究所と地域サロン「ぷらっと」を併わせて非営利の任意団体の「福祉デザイン研究所」とした（写真7－1）。

その際、当初、2～3階（1K3室と2DK2室）は高齢者に限定して賃貸し、建物全体を"コミュニティハウス"にすることも検討したが、新天地とあって土地勘がないほか、信頼のおける運営スタッフを確保するには時間が必要であった。このため、当面、一般向けの賃貸マンションとして様子見することにした。

2．建物の施設と設備

ところで、賃貸併用住宅の建物と設備などであるが、1階の研究所と私たち家族が出入りする自室の玄関やキッチン、洗面所、トイレは別々に設計した。賃貸マンションの2～3階は手すり付きの階段で連絡しているものの、玄関はオートロック式で、しかも別々にした。このため、入居者と研究所の部員や地域サロンの受講者が鉢合わせになることはない。

また、研究部の研究会は毎月1回、サロン部の地域サロン「ぷらっと」のミニ講座は毎週土・日曜日に限って使っているため、ふだんは書斎や応接室として家族が使用するなど、公私混同を避けた。

ちなみに、1階の奥には普通自動車が1台、自転車が5台止められる駐車場・駐輪場があり、賃貸マンションの入居者を優先としているものの、空いていればだれでも自由に無料で利用できる。駐車できない場合、近くに時間制の貸し駐車場が豊富にあり、駐車・駐輪に困ることはない。屋上には四方を高さ約1メートルのフェンスを張り、パーティーが開けるよう水回りを整備したほか、サンデッキなどを出入り口の踊り場に常備した。

一方、交通機関は路線バスや「ムーバス」の停留所までは1分もかからない

ため、西武田無駅やひばりが丘駅まで15〜20分で行くこともできる。むろん、JR武蔵境駅まで出れば吉祥寺や新宿、東京、立川、八王子へも5〜40分で行くことができるため、地元の武蔵野市だけでなく、近郷近在の関係者も気軽に立ち寄ることができる。

第8章 「まちかど福祉」と「福祉デザイン研究所」

第1節 「まちかど福祉」の実践までの経緯および研究所の理念と組織

　次に、「まちかど福祉」の実践となるまでの経緯について述べたい。

　筆者は、8年前から大学の研究室や市内の喫茶店で、毎月、「地域福祉」をテーマに私的な研究会を開いていた。

　そこで、この研究会を「福祉デザイン研究所」の研究部に継承、発展・拡大させるとともに、日常生活圏における地域福祉によって福祉コミュニティを構築し、だれでも住み慣れた地域でいつまでも安心・安全な生活を営むことができるよう「まちかど福祉」を実践し、いずれは市全体を〈市民福祉社会〉とすべく、地域サロン「ぷらっと」も併設することになった。

　なお、地域サロン「ぷらっと」は"福祉のコンビニエンスストア"と位置づけ、住民が福祉の情報の入手や共有、あるいは日常生活上の悩み事や相談事について、いつでも「ぷらっと」立ち寄り、その解決を図ることができるよう、また、地域福祉の情報の発信およびサービスの連絡・調整を図る"プラットホーム"という意味も兼ねて「ぷらっと」と名付けた。

　次に「福祉デザイン研究所」の理念であるが、研究所はこのような「まちかど福祉」の実践の場であるため、あらゆる切り口から福祉を"デザイン"し、「社会福祉の普遍化」を図ることにある（第7章図7―1参照）。

　そこで、組織として、2009（平成21）年11月、「市町村合併と地域福祉」をテーマとする研究会の研究部、および地域サロン「ぷらっと」のサロン部からなる非営利の任意団体としてスタートさせた。その際、特定非営利活動法人（以下「NPO法人」）とすべきかどうか、検討したが、筆者はまだ現役であり、武

第 8 章　「まちかど福祉」と「福祉デザイン研究所」

蔵境での地域活動はこれからであったため、無理をせず、法人化は当面見送ることにした。

第2節　研究所のスタッフとその事業内容

研究所のスタッフは、所長を建物の所有者である筆者とする一方、事務局長はとりあえず研究部の部員のなかから互選によって選任し、任期を2年とした。特定の部員にのみ事務の負担を集中させることは避け、部員の全員が交代で事務局長を務め、組織の管理を習得してもらうことが必要だからである。

また、地域サロン「ぷらっと」の運営スタッフは、筆者と20年来の付き合いがある元有料老人ホーム施設長（司法ソーシャルワーカー）、およびその友人で、元日本女子大学児童家庭支援センター教員の計3人とした。そして、研究所全体の顧問に元武蔵野市高齢福祉（現 高齢者支援）課長で、現在、市内の介護老人福祉施設(特別養護老人ホーム)副施設長をしている知人に依頼し、監事は知人の税理士にボランティアで依頼し、研究所の組織や運営、人材の確保、税務・会計など事業全体にかかわる助言や監査を行ってもらうことにした（図8－1）。

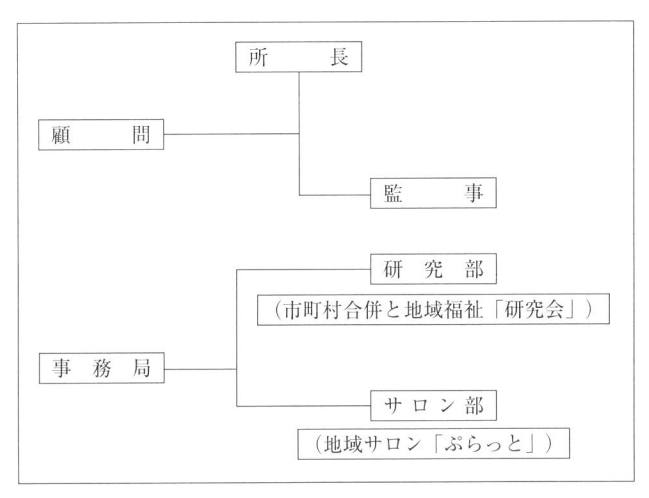

図8－1　福祉デザイン研究所の組織

第3部　私たち夫婦の実践

　なお、会計は研究部、サロン部のスタッフがそれぞれの部のなかで交替で務めることにした。

　一方、事業内容として、研究会は毎月1回、地域サロン「ぷらっと」は毎週土・日曜日に開き、筆者や上述した彼らがそれぞれの専門的な立場からミニ講座の講師を務めている。もちろん、筆者の妻はもとより、息子夫婦も不定期ではあるものの、建物の掃除や整理整頓に努めるほか、ミニ講座の広報や活動に参加し、交流を深めている。

第9章 福祉デザイン研究所の活動内容

第1節 研究部の活動内容

さて、「福祉デザイン研究所」のプロジェクトとして、とりあえず研究部とサロン部の2つを立ち上げた。

まず研究部は、上述したように、8年前から活動している研究会をそのまま引き継ぐ形で会則をつくった。そして、当時の仲間であった大学院の教え子のほか、全国の地域福祉の研究者および地元の行政や社会福祉協議会(以下「社協」)、福祉施設、特定非営利活動法人(以下「NPO法人」)の職員やOB・OG、シルバーサービス(高齢者福祉産業)の企業、コンサルタント会社の社員に参加を呼びかけ、快諾した有志を新たに仲間に受け入れて部員とした。

入会金は2,000円、年会費は3,000円で、遠隔地の部員にはインターネットで情報を提供し、運営や研究テーマへの意見を自由に発言してもらうなど、民主的な運営を心がけることにした。テーマは「市町村合併と地域福祉」で、建物が完成した2009(平成21)年11月から毎月1回、研究会を開き、研究活動を本格化させることになった。

1. 群馬県南牧村における「限界集落」再生の研究

その手始めとして、2010(平成22)年2月、「平成の大合併」に伴い、高齢化率が50%を超えて全国一高齢化の地方自治体となり、かつ多くの「限界集落」を抱えている群馬県南牧村を調査し、集落再生のための研究を行った。

この研究はすでに2009(平成21)年8月に予備調査を終えていたが、「限界集落」の再生にはどのような条件が整備されるべきか、地域福祉の視点から継続調査する必要があったため、その第1次調査として厳冬期の集落の実態を視

第3部　私たち夫婦の実践

察した。

　ちなみに、予備調査では有志9人が手分けをし、役場をはじめ、南牧村社協や自治会、森林組合、商工会、農業協同組合、文化協会などを視察した。その結果、南牧村は典型的な過疎地域の中山間地域で、調査当時の2010（平成22）年2月時点において、総人口約2,600人で、60ある集落のうち、43集落は高齢化率が50％を超える「限界集落」であることがわかった。

　具体的には、それまで3校ずつあった小・中学校が過疎化によって1校ずつに統廃合されており、公共施設は役場や特定郵便局、図書館、公民館、地域活性化センターなどごく一部であった。もちろん、スーパーマーケットやコンビニエンスストアはなく、宿泊施設も民宿がわずかに4軒あるだけであった。日常生活に欠かせない路線バスは1日数本しかなく、タクシーは1台であった。

　そこで、村では職員60人全員で「1集落1担当制」を敷き、住民の生活ニーズに対応しているほか、本社を隣接の下仁田町に置く上毛電鉄会社系列のバス・タクシー会社に福祉有償移送を委託し、住民の足の確保に努めている。また、食料や日用品は下仁田町の個人商店主の夫婦が、毎日、ワゴン車で移動販売に来ており、住民たちの生活を支えている。このため、マイカーが頼りであるが、急斜面の山や崖に囲まれた山間地のため、道幅が狭く、高齢者には運転が極めて困難で、"陸の孤島"となっている。

　研究部ではこの結果を2010（平成22）年6月、「日本一高齢化の群馬県南牧村における限界集落再生への方途～その実態調査の意義と手法および当面の課題～」と題し、会員の有志が日本地域福祉学会で中間報告を行った。

　また、2010（平成22）年8月、独立行政法人福祉医療機構（WAM）の社会福祉振興助成事業を受けたため、全世帯を対象に生活実態調査を実施し、その結果を解析後、デマンド型交通の導入や"ご用聞きサービスのシステム化"、住民による地産地消の店舗兼宅老所の設置・運営、福祉の産業化やコミュニティビジネスによる人材確保、社会資源の有効利用による地域再生を提言した調査報告書を作成し、関係機関100か所に郵送した。そして、2011（同23）年6月、日本地域福祉学会でそのむね最終報告を行い、大きな反響を呼んだ。

2．旧研究会時代の各種調査の総括と新たな研究

　旧研究会時代に、「平成の大合併」で合併した全国の556市町村すべてを対象にして、「平成の大合併」に呼応した背景や動機、合併後の地域福祉政策の変化や効果の有無などについて行ったアンケート調査をはじめ、財政破綻（はたん）を招き、その再建が注目されている北海道夕張市における福祉施設や社協、診療所などの関係者へのヒアリング調査を行った。

　また、「平成の大合併」によって財政再建をめざしたものの、再び財政危機に見舞われている福岡県福智町（旧赤池町、方城町、金田町）で社協や住民に対して行ったヒアリング調査についても、その結果は日本地域福祉学会や日本社会福祉学会、日本社会学会で有志が報告した。そして、2007（平成19）年6月、『市町村合併と地域福祉～「平成の大合併」全国実態調査からみた課題～』（ミネルヴァ書房）、翌年6月、『地域福祉の原点を探る～夕張市に見る住民・市民自治の本質～』（ミネルヴァ書房）をそれぞれ刊行した。

　なお、福岡県福智町については、追跡調査すべき部分が残っているため、今後も調査を継続する予定である。また、2011（平成23）年3月の東日本大震災および東京電力福島第一原子力発電所の事故で被災した岩手、宮城、福島3県の関係市町村への視察調査を向こう4～5年のスパンで実施すべく、新たな研究テーマとして議論し始めており、この事態に対し、それぞれの住民が住み慣れた地域でどのような地域福祉を志向しようとしているのか、研究する方針である。

　研究部では以上のような活動をしてきたが、市町村合併の効果や合併を断念したことによる結果は数年で測定できるものではない。このため、2009（平成21）年に自公政権から民主党政権に交代し、それまでの地方分権改革を「地域主権」へと発展させ、地方自治体への財政措置の拡充が図られることに対するその後の政策動向などにも注目する必要がある。

　また、東日本大震災および東京電力福島第一原子力発電所の事故の発生に伴い、災害対策と地域福祉との関係をどのように考えるべきか、改めて大きな課題として突き付けられることになったため、今後、政府や関係地方自治体、および住民など関係者が取り組む復旧および復興の成り行きを見守りながらも、

「災害と地域福祉」のテーマについて、少なくとも向こう5年をかけ、総括することにしている。

このように研究活動そのものもまだこれからであるが、仲間のなかにはこれらの研究実績が認められ、大学の専任講師から准教授、あるいは学部の教授から大学院の教授に昇格したり、これらの研究論文を素材に単著の研究書を上梓したりする教授も出始めている。このため、それなりの人材育成の場にもなっているのではないかと自負している。

第2節　サロン部の活動内容

一方、サロン部の地域サロン「ぷらっと」は、筆者が有している行政書士、および息子夫婦が有している社会福祉士や福祉住環境コーディネーターなどの資格を生かし、将来的には「行政書士・社会福祉士合同事務所」、あるいは宅老所の併設も視野に入れながら、当面、地元の団塊世代などと連携し、年金や介護、老後をテーマにしたミニ講座や「なんでも無料相談会」、地元の関係機関の紹介やサービスの連絡・調整も行うことにした（表9－1）。

ただし、研究部と異なって部員制などせず、だれでも自由に参加し、住民同士、あるいは研究者とも交流できるようにした。

1．ミニ講座の開講

ミニ講座は、2008（平成20）年10月より、研究所の1階の応接室で毎週土・日曜日の午後2時から3時半までの間、運営スタッフや筆者の仲間が交替でそれぞれの専門分野である年金や介護、老後などをテーマに開講しているものである。また、要望に応じ、郊外の山歩きや美術館巡りなどのレクリエーションも行っている（写真9－1、9－2）。

受講料は1人500円で、このうち、300円を講師の謝金、100円を会計担当の世話代、残りの100円を部屋代や光熱費、お茶菓子代としている。そして、電子メールを使用している人には電子メール、そうでない人にはファックス、あるいは周辺の公共施設や商店街、飲食店にチラシを置かせてもらったり、ポス

第9章　福祉デザイン研究所の活動内容

表9－1　地域サロン「ぷらっと」の活動内容

ぷらっと

Vol.28　2011年7月1日
〒180-0022 境3-12-10、ソフィー武蔵野101
福祉デザイン研究所サロン部

7月のミニ講座

2日（土）13:00～16:00、「ふれあいカフェ」
　　　　～どなたでも喫茶店の雰囲気でなごやかに～」

3日（日）13:00～16:00、「ふれあいカフェ」
　　　　～どなたでも喫茶店の雰囲気でなごやかに～」

9日（土）14:00～15:30、「9月、沖縄ツアーの説明会」
　　　　～沖縄本島の戦跡めぐり。国際通りでのショッピングも～
　　　　　　　社会福祉学者・沖縄大学講師　川村匡由

10日（日）14:00～15:30、語りと原発事故（要予約）
　　　　「チェルノブイリの祈りより―未来の物語―」
　　　　　　NPO法人　語り手たちの会会員　稲葉純子＆フリートーク

16日（土）13:00～16:00、「ふれあいカフェ」
　　　　～どなたでも喫茶店の雰囲気でなごやかに～」

17日（土）13:00～16:00、「なんでも無料相談会」
　　　　～年金、離婚、相続、遺言、NPO設立など～」
　　　　　　　社会福祉学者・行政書士有資格　川村匡由

23日（土）13:00～17:00、「平山郁夫シルクロード美術館を訪ねる日帰りの旅」
　～夏、涼しい八ヶ岳山麓　12:45、美術館入口集合、17:00、解散～**（要予約）**
　　　　　　「ぷらっと」スタッフ　須之内玲子

★

　会　　費：講座　500円（ドリンク・資料付き）
　　　　　　ふれあいカフェ　200円（ドリンク付き）
　　　　　　美術館　1000円（入館料は別途）
　　＊子育て相談（1000円。**常時**・要予約）
　＊＊＊＊＊＊＊＊＊＊＊＊＊＊＊＊＊＊＊＊＊＊＊＊＊＊＊＊

第3部　私たち夫婦の実践

写真9－1　地域サロン「ぷらっと」の
　　　　　ミニ講座
（地域サロン「ぷらっと」にて筆者撮影）

写真9－2　たまには山歩きのツアーも
（千葉県・房総の富山にて筆者撮影）

ティングしたりして集客に努めている。もちろん、これらの内容は筆者のホームページ、「川村匡由＋福祉デザイン研究所のホームページ（http://www.geocities.jp/kawamura0515/）」のサイトに公開し、地元だけでなく、広く関係者にもPRしている。

　受講者は年間平均で1回当たり5人、多いときには10～15人になる。もっとも、少ないときは1人、最悪の場合、ゼロというときもある。このため、ミニ講座のテーマや講師の人選などについて受講者の要望も受け入れることにしている。

2．ふれあいカフェと屋上パーティー

　2009（平成21）年12月より、ミニ講座への集客のため、学生も地域サロン「ぷらっと」に気軽に立ち寄ることができるよう、毎週土・日曜日の午後1時から4時まで「ふれあいカフェ」を始めた。

　このふれあいカフェは、ミニ講座のない日に1人当たり200円で、運営スタッフが用意したコーヒーや紅茶などをセルフサービスで自由に飲み、クラシック音楽やフォークソングなどのCDをかけて楽しんだり、筆者の著作物や福祉に関する論文のコピーや雑誌を読んだり、居合わせた者同士が地域における問題や関心、あるいは家庭の悩み事などを打ち明け、意見交換したりする場とする

もので、アットホームな雰囲気の企画である。

さらに、毎年5月のゴールデンウィークや秋の連休など気候のよいときは屋上を開放し、1品持ち寄りの「屋上パーティー」の企画もほぼ同時期に始めた。1人当たり500円の会費のほか、持ち寄りの品は飲み物や食べ物、手づくりの総菜など何でもよいとあってか、参加者は徐々に増えている。特に好評なのは春と秋で、参加者にとっては周囲の武蔵野の緑を眺めながら過ごすひと時は格別のようである（写真9－3）。

写真9－3　屋上パーティー
（地域サロン「ぷらっと」にて筆者撮影）

3．なんでも無料相談会

上記ほか、2011（平成23）年4月からミニ講座やふれあいカフェ、屋上パーティーの合間に「なんでも無料相談会」を毎月1回、定期的に開き、住民の年金や医療保険、介護保険、老後の生活設計、遺言、相続、離婚、成年後見など日ごろの悩みや問題などについて、予約をすることなく何でも無料で相談に乗ることにした。しかも単に相談に乗るだけでなく、その内容に応じ、地元の行政や市民社会福祉協議会（市民社協）、コミュニティセンターはもとより、老人ホームや地域包括支援センター、病院などの施設、さらには介護支援専門員（ケアマネジャー）や訪問介護員（ホームヘルパー）、医師などの紹介をすることにした。

地域サロン「ぷらっと」では以上のような活動を行っているが、いずれにしても、地域サロン「ぷらっと」は、あくまでも筆者ら夫婦の武蔵境における「まちかど福祉」の第一歩にすぎず、地元の団塊世代など住民の自主的、自発的な地域デビューの手がかり、足がかりとなり、かつ情報や人脈のネットワークづくりになる憩いの場である。このため、地域サロン「ぷらっと」に出入りすれ

ばただちに地域デビューが果たせ、だれもが安心・安全の老後が約束されるわけではないが、そのためのシステムづくりの場になることは間違いないと確信している。

そこで、地元の住民はもとより、境地域社会福祉協議会（以下「境地域社協」）やコミュニティセンターなど関係者に対してプレッシャーのようなものをかけず、自然の成り行きに任せながら地道に取り組んでいこうと考えている。もちろん、2～3階の賃貸マンションに居住する入居者に迷惑をかけず、プライバシーの保護に努めるなど"自然体"で取り組んでいる。

地域サロン「ぷらっと」も2011（平成23）年10月で丸3年を迎えたわけであるが、これまで有料老人ホームへの入居を検討していた一人暮らしの女性は、地域サロンのミニ講座と有料老人ホームの見学会に3か所ほど参加した結果、入居にはまだまだ検討することが多いとして、自らも有料老人ホームについてさらに情報収集などをするようになった。

また、都内で別居する老親が地元の福祉施設に入所できず、困っていると相談に訪れた男性の現役サラリーマンに対し、介護保険の仕組みを説明したうえ、地元のケアマネジャーを紹介した結果、近隣の福祉施設に入所できたなど、ミニ講座や「なんでも無料相談会」による成果が出始めている。このほか、地域サロン「ぷらっと」の運営に参加したいというホームヘルパーや民生委員なども声をかけてくれるようになり、今後の展開によってはスタッフや利用者がもっと増えそうな状況である。

第3節　地域活動

1．地域ささえあい研修会

第2章で述べたように、最近、「無縁社会」などといわれ、地域で孤立した高齢者の見守りや支え合いが大きな社会問題となっているが、筆者は1995（平成7）年、当時在住していた都下の市および市社協から委員長を委嘱され、住民がボランティアで地域の高齢者を見守ることができるよう、21の小学校通学区域に地域割りしたネットワークをつくった経験がある。

第9章　福祉デザイン研究所の活動内容

　ところが、新天地の武蔵野市では武蔵野市民社会福祉協議会（以下「武蔵野市民社協」）の支部である境地域社協があり、ネットワーク化が進められているものの、まだまだ参加者が少ないため、組織的な活動としては不十分であった。前述したように、研究所の2軒隣の民家で不幸があったが、だれが住んでいて不幸があったのか、周りの人々はほとんど知らず、身内の者だけで葬儀が執り行われたことが、地域サロン「ぷらっと」の受講者の話でわかった。

　そこで、この話を研究部の仲間で、さわやか福祉財団の職員に打ち明けたところ、「それなら私どもの財団と地元の関係者で『地域ささえあい研修会』を武蔵境で開催してはどうか。資金は財団で用意できるので、あとは地元で10人ほど人材を確保してもらえれば開催できる。研修会を通じ、地域サロン『ぷらっと』の運営スタッフにもなってくれるかもしれない」と助言してくれた。

　同財団は、1976（昭和51）年のロッキード事件で指揮をとった堀田力元検事が「人生の後半はボランティア人口の拡大に力を注ぎたい」といって検事の職を辞し、その前身である「さわやか福祉推進センター」を1991（平成3）年に設立し、理事長に就任後、1995（同7）年、財団法人化された公益法人（現公益財団法人）である。

　そして、「地域ささえあい研修会」は財団の主要な事業の1つで、当初から全国を13のブロックに分け、NPO法人などとして活動している住民有志約180人が「新しいふれあい社会の創造」を基本理念に、財団のインストラクターとして登録されている。毎年、各地で研修会が開催され、ごく自然に気楽な助け合いのための地域通貨（エコマネー）の導入、あるいは住民が住み慣れた地域での居場所づくりをするためのノウハウを関係者に伝授し、市民のボランティア活動による地域福祉の推進を支援している。2011（平成23）年3月現在、研修を受けた約3,000団体が全国で在宅福祉サービスを行っている。

　そして、2009（平成21）年8月、関東ブロックの財団のインストラクター数人を地域サロン「ぷらっと」に招き、企画・立案から集客、運営、事後の反省会の手法についてアドバイスを受け、地域の保健・医療・福祉関係の施設や病院、居宅介護支援事業所、コミュニティセンターなど地元の関係者に協力を呼びかけた。その結果、このうち、10人が名乗り出てくれ、財団のインストラク

第3部　私たち夫婦の実践

ター10人と合わせ、総勢20人からなる実行委員会を立ち上げた。

以後、毎月1回、財団の関東ブロックの代表と筆者らが中心となって地域サロンで打ち合わせを重ねた。また、財団法人JKA（日本自転車振興会）から開催資金の補助を得てチラシ7,000枚を作成し、ポスティングしたり、武蔵野市民社協に後援を依頼したりするなどして、2010（平成22）年2月、近くの市民会館で「地域ささえあい研修会 in 武蔵境」の開催にこぎつけた（写真9－4）。

写真9－4　盛会だった「地域ささえあい研修会 in 武蔵境」
（武蔵境の市民会館にて筆者撮影）

研修会は、厳冬期にもかかわらず、千葉市や千葉県流山市、静岡県袋井市のNPO法人など、財団のインストラクターのほか、地元武蔵境に在住・在勤する住民、さらには北海道旭川市や岩手県一関市、水戸市、横浜市の団塊世代やシニアの地域福祉の活動家、一般市民ら約80人が集まり、基調講演やパネルディスカッション、各分科会で互いに現在の活動状況や活動の方法、課題などについて活発な意見交換をした。そして、研修会の終了後に反省会および懇親会、また、同月に地域サロン「ぷらっと」で有志によるフォローアップのための研修会を行った。

研究部では、参加者に研修会に対する感想や意見を聞くアンケート用紙を配布したが、回答の多くが「今日の研修会の話を地域に持ち帰り、実践したい」、あるいは「時間が少なかったので朝から実施してほしかった」などの意見や感想であった。そして、さっそく、地域サロンの運営にかかわる人も5人名乗り出て、以後、不定期ではあるものの、運営に参加してくれることになった。

2．シニアネットむさしの

また、2009（平成21）年12月に地域サロン「ぷらっと」のチラシを見た亜細亜大学の教授で、市内の団塊世代やシニアの有志によってつくる「団塊力活性

化懇話会」の事務局長から「『シニア市民協議会むさしの（現　シニアネットむさしの）』を設立するため、参加してほしい」と呼びかけられた。

　筆者は当時、東京大学で「団塊世代とエイジング」をテーマとした講義を行っていたほか、現在もシニア社会学会で理事をしているため、さっそく、2010（平成22）年1月より参加した。

　活動は市のホームページにも公開されているが、まだ1年程度しか経っていないため、現在の活動は、事務局がメーリングリストを開設し、互いの情報を共有したり、団塊世代に関する講演や研修会の紹介などにとどまっている。しかし、個人的には「シニアネットむさしの」の紹介に関連し、第三セクターの「FMむさしの」の番組に出演したり、地域のミニコミ誌である「タウン通信」の取材も受け、そのなかで「福祉デザイン研究所」の建設の経緯や地域サロンの内容をアピールする場をもらっている。

3．その他の地域活動

　その他の地域活動では、筆者は武蔵境の西部コミュニティセンターで同協議会の運営委員、また、武蔵野市民社協の支部である境地域社協で世帯会員、さらに、武蔵境の商店街を活性化する武蔵境地域活性化委員会でも健康部会の委員として参加している。

　このような折、研究所の顧問の紹介で、研究所の近くにある知的障害児を持つ保護者でつくる非営利任意団体が、武蔵野市からの事業資金の補助を継続して受けられるよう、2011（平成23）年中にNPO法人格を認証取得すべく、筆者を顧問として迎えたいと協力を要請された。もちろん、地元との連携を図るために必要な地域活動であるため、引き受けることになった。

　また、2011（平成23）年6月、研究部の部員有志から「川村実践論を検証する会」の開催の提案があったため、快諾した。これは、研究部およびサロン部合同の"川村オープンゼミ"という形で同年11月から向こう1〜2年間、毎月、非会員にも研究所を開放し、拙著を輪読して、筆者の社会福祉理論および実践を合評、かつその研究方法や人生観について検証し、批判を加えるものである。これには地元の行政や社協、NPO法人、福祉施設などの関係者12人が参加し

ており、これも「まちかど福祉」の成果の1つではないかと考えている。

　このほか、2011年（平成23）年7月、上述した「武蔵野プレイス」がオープンしたため、地元の市民活動団体として登録した。そして、「福祉デザイン研究所」の会則や研究活動を紹介した資料、地域サロン「ぷらっと」の会則やミニ講座のチラシなどを資料コーナーに展示させてもらうこととなった。また、「武蔵野プレイス」の今後の市民活動支援の企画・運営に参加させてもらうことになった。

　ともあれ、「福祉デザイン研究所」の研究部もサロン部も徐々にではあるが、筆者ら夫婦の地域活動と並行し、地元に広がりつつある。また、これらのプロジェクトはいずれも「まちかど福祉」の実践に欠かせない地域活動であるため、今後も地道に会議やイベントを企画し、地元の団塊世代の地域デビューの場として周知徹底に努め、だれでも住み慣れた地域でいつまでも安心・安全な生活を営むことができるよう、「まちかど福祉」、さらには〈市民福祉社会〉をめざすとともに「社会福祉の普遍化」を図るべく、努力している昨今である。

当面の課題と展望

第10章

　前述したように、武蔵境では2009(平成21)年12月、JR中央線三鷹〜立川間の連続立体交差事業が完了したほか、2011(同23)年7月、南口に知的創造拠点「武蔵野プレイス」が完成、オープンし、筆者ら夫婦が住民有志とともに取り組む「まちかど福祉」の実践にも"追い風"になる情勢となった。もっとも、その本格的な事業化となるとまだ多くの課題があるため、「いまだになお道遠し」というのが実態である。

　そこで、第2部で団塊世代が地域デビューするうえで掲げた「今後に向けた提言」の「老後を考える」や「地域と人を知る」「活動の場を確保する」「明るく元気で楽しく、無理をせず」「継続も力なり」も踏まえ、筆者ら夫婦の「まちかど福祉」の実践にかかわる「ヒト・モノ・カネ」についての当面の課題について述べたい。

第1節　人材の確保とサービスのネットワーク化

　第1の「ヒト」は、研究所を運営する事務局の人材の確保とサービスのネットワーク化である。

　具体的には、研究部の場合、毎月1回、福祉デザイン研究所で研究会を開いているほか、月に1〜2回、息子夫婦など近郊に在住する研究者に詰めてもらっているだけのため、関係機関からの照会にいつでも対応できる態勢になっていない。

　また、サロン部の場合、毎週土・日曜日に地域サロン「ぷらっと」でミニ講座、あるいは「ふれあいカフェ」「なんでも無料相談会」などを実施しているが、現在の運営スタッフ2人は近郊に住んでいる。しかも、ともに他のさまざ

まな活動に取り組んでいるため、私たち夫婦と毎日交替で詰めることは困難である。

しかし、ミニ講座や「ふれあいカフェ」「なんでも無料相談会」を毎日行うことによって初めて団塊世代などの居場所になるため、常勤の運営スタッフをもう4～5人確保し、10人態勢になることが必要である。そこで、このような人材を掘り起こすべく、さわやか福祉財団の支援により2010（平成22）年2月に開催したのが、前述した「地域ささえあい研修会 in 武蔵境」である。

幸い、参加者のうち、地元の関係者5人が名乗り出てくれたものの、常時10人態勢という配置にはまだ時間がかかりそうである。このため、当面は所長である筆者が私費で常勤の研究所の事務局、あるいは地域サロン「ぷらっと」の運営スタッフを最低でも4人は雇用しなければならないのではないかと思案しているが、有償ボランティアで果たして何人が協力してくれるのか、見当がつかないのが実情である。

さらに、その運営にあたっては現在のミニ講座や「ふれあいカフェ」「なんでも無料相談会」だけでなく、研究部にかかわる地元の保健・医療・福祉の調査研究はもとより、筆者らによる年金、介護、離婚、相続、遺言、成年後見などの相談・手続きの代行を通じ、各種サービスのネットワーク化を図ることが最終的な目標である。

具体的には、私たち家族による「行政書士・社会福祉士合同事務所」、あるいは宅老所の併設や高齢者を対象とした保健・医療・福祉など各種サービスの連絡・調整のため、市や市民社会福祉協議会はもとより、市内の介護老人福祉施設（特別養護老人ホーム）やデイサービスセンター、グループホーム、介護老人保健施設（老人保健施設）、介護療養型医療施設（療養病床等）、さらには団塊世代などと連携し、名実ともに「まちかど福祉」の場とすることである。

そこで、前述したように、市内の特定非営利活動法人（以下「NPO法人」）や非営利任意団体「シニアネットむさしの」、武蔵境地域活性化委員会のほか、境地域社会福祉協議会や西部コミュニティセンター、「武蔵野プレイス」などの運営に参画しているわけであるが、今後、このような地元の各種住民団体とも交流して人的なネットワークづくりに努め、地域サロン「ぷらっと」と連携

したり、「市町村合併と地域福祉」をテーマとした研究所の研究活動を今後も続けるなど、事業の一層の発展と拡大を通じ、社会貢献に努めていくことが求められる。すなわち、ノーマライゼーションの理念およびソーシャルインクルージョンに基づく「まちかど福祉」の実践である（図10－1）。

なお、中長期的には研究部の研究員への調査や計画の策定委託料、また、地域サロンを運営するサロン部のスタッフへの受講料に応じた出来高払いの定期報酬、さらには毎月の給与や賞与の支給、昇給、中小企業退職金等共済制度への加入による退職金の支給、厚生年金や健康保険など社会保険の適用、福利厚

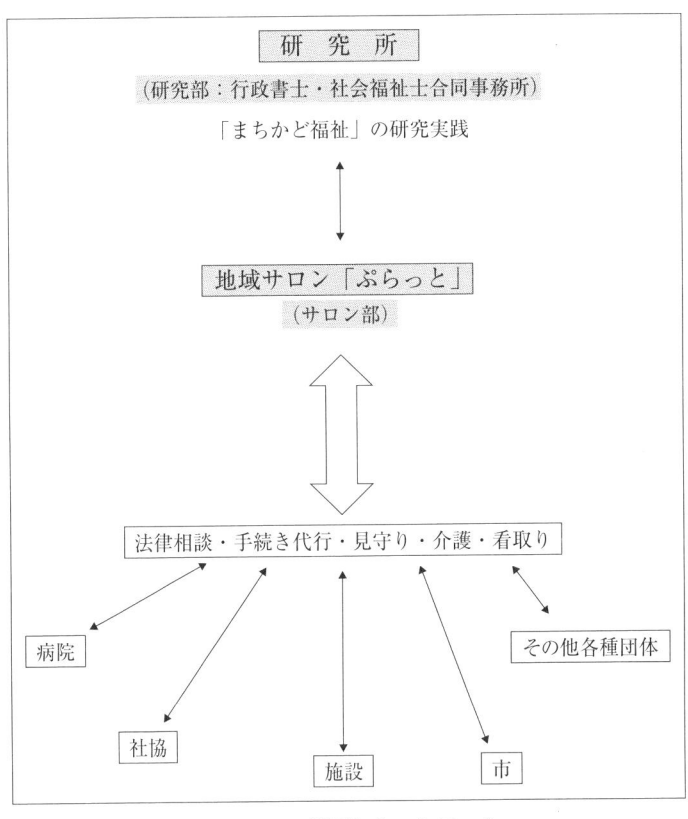

図10－1　必要なネットワーク

第3部　私たち夫婦の実践

生（企業内福祉）の手立ても課題になるのではないかと思われる。

第2節　活動の場の確保

　第2の「モノ」は、保健・医療・福祉にかかわる各種サービスの提供者が利用者のニーズを把握し、かつ情報として共有し、いつでも必要なときに迅速に相談に応じたり、サービスの連絡・調整を図ったりすることのできる場所の確保であるが、この点は曲がりなりにも研究所および地域サロン「ぷらっと」を確保して地域に開放し、上述したように、それぞれの活動もそれなりに進みつつあるため、課題は一応解決したといえる。

　しかし、中長期的に考えれば、今後、研究所の事務局やサロン部の地域サロン「ぷらっと」の運営スタッフ、また、事情が許せばミニ講座などの受講者と2～3階の賃貸マンションに入居する若い世代が意気投合し、家庭的な雰囲気のなかで身の回りのことを話し合い、地元の関係機関に見守られながら世代間交流を図って共生することにより、建物全体が"コミュニティハウス"となり、地域密着型小地域福祉による「まちかど福祉」の本格的な実践になるのではないかと思われる。

　もっとも、2～3階の賃貸マンションに入居しているのは若い女性、または夫婦であるため、彼らのプライバシーの保護や1階の研究所や地域サロン「ぷらっと」とのかかわりを希望するのかどうかも考えなくてはならないため、おいそれと実行するわけにはいかない。

　また、将来、研究所が発展・拡大するようなことになれば、現在の研究所では当然手狭になるため、もう少し広めの場所の確保、すなわち、転居も考えなければいけないのではないかと思われる。

第3節　財源の確保と法人化

　第3の「カネ」は、上述した各種サービスの提供にかかわる利用料や会費の徴収、基金の応募などによる財源の確保と法人化である。

第10章　当面の課題と展望

　このうち、研究部の財源確保では、研究部員から入会金2,000円と年会費3,000円を徴収し、日々の通信費や研究所の部屋の借り賃に充てている。また、アンケート調査を行う場合は、アンケート用紙のコピー代や通信費、現地調査を行う場合は、交通費や宿泊代、手土産代を別途徴収しているため、問題はない。
　研究部員に対する支出の埋め合わせに関しては、講師として派遣された際の謝金や著作活動における印税などを出来高払いで行っているため、こちらも問題がないどころか、むしろ収入になる。このため、支出の負担は相殺され、さらに研究実績を積むことができるので問題は特にない。
　一方、サロン部は、入会金や年会費は特に徴収していないため、ミニ講座などのスタッフの負担は皆無であるのに対し、収入は受講料の500円（当初は1,000円であったが、学生も気軽に受講できるよう、2009（平成21）年12月、500円に改定）のうち、100円を会計や記録などの事務処理代として受け取るだけである。もっとも、自ら講師を担当すれば講師料300円も加算されるため、こちらもスタッフに過大な負担はない。
　ただし、単価が低いうえ、受講者が少ない、あるいはゼロの場合、日当はおろか、交通費も持ち出しとなってしまう。このため、現状では地域サロン「ぷらっと」の運営スタッフの手当などは極めて不安定である。
　そこで、ミニ講座など地域サロン「ぷらっと」の受講を部員制に改め、入会金や年会費を徴収したり、個別相談を有料化したりすることも考えられるが、それでは地域サロン「ぷらっと」の理念に抵触するため、もう少し様子を見ざるを得ない。また、これと平行して地元の関係機関と連携し、サービスのネットワークをつくることが必要となってくる。このため、表10－1のような有償在宅福祉サービスを提供して各種利用料を徴収したり、地域通貨（エコマネー）を制度化、あるいは機関紙『月刊むさしのライフ（仮称）』を発行し、スポンサーによる広告料金や賛助会員の賛助金、さらには寄付金の公募によって新たな財源を確保するなどの代替措置を考える必要がある。
　このほか、研究部とサロン部の連携により国や地方自治体、独立行政法人、企業など関係機関の研究助成金の応募も行い、自主財源の確保を図っていく必要もあるのではないかと思われる。

第3部　私たち夫婦の実践

表10－1　有償在宅福祉サービス（案）

1．ミニデイサービス
（1）日帰り：500円
（2）昼食：300円
（3）飲料（コーヒー、紅茶、緑茶）：1杯200円（現「ふれあいカフェ」の継続）
2．講座：1回500円（資料・飲料代込み：現「ミニ講座」の継続）
3．戸外活動：1回500円（資料・飲料込み）。ただし、交通・宿泊費などは実費負担とする。
4．相談（毎月1回、土曜日または日曜日）：無料
5．書籍販売：1割引き

　また、建物の所有者という筆者たちの立場を考えれば、2～3階の賃貸マンションの入居者の持続的な確保のため、経営に一層努めるとともに、建物の劣化に伴うメンテナンスの充実や周辺の老朽化した賃貸マンションのリニューアル化、新築の賃貸マンションの供給、さらには入居住民の分譲マンションや一戸建て住宅への住み替えなど、不動産業界の将来の見通しも十分研究する必要があるのではないかと思われる。

　その意味で、もう1つの「カネ」にかかわる課題として研究所の法人化が必須ではないかと思われる。2006（平成18）年度に成立した公益法人制度改革関連三法が2008（同20）年12月に施行されたことに伴い、現在の非営利任意団体のままでは団体名での契約や銀行口座の開設、不動産登記などができないため、社会的な信用度が十分とはいえない。このため、国や地方自治体の助成金、あるいは個人などから寄付金を受ける際、NPO法人や一般社団法人、公益社団法人と比べて不利である。

　そこで、現在の非営利任意団体をNPO法人にするため、認証申請すべきか、または一般社団法人化し、その後、公益認定を受けて公益社団法人へとステップアップさせ、NPO法人よりも社会的な信用度を得て、関係機関や個人などから助成金や寄付金を受けやすくすることが必要ではないかと考えている。さらに、上述したように、「行政書士・社会福祉士合同事務所」との絡みで行政書士・社会福祉士法人にするということも選択肢の1つである。

いずれにしても、わが国は2050〜2060（平成62〜72）年には高齢化率が40％に上昇するため、この本格的な少子高齢社会および人口減少社会を「健康長寿社会」に変え、人生100年時代に応じた生活設計を描き、人生の最後の最後まで全うすることができるよう、今からライフスタイルの在りようを考え対応することが求められている。それはまた、2009（同21）年、自公政権から代わった民主党政権が「脱官僚依存」および「政治主導」のキャッチフレーズのもと、マニフェスト（政権公約）の1つとして掲げた「地域主権」、あるいは「コンクリートから人へ」にかかわる「新しい公共」が今後、具体的にどのように国民に示され、それを国民が受け止め、行動するか否かにかかっている。

　したがって、国民、わけても団塊世代は今後、終の棲家とする地域で地方自治、あるいは地域福祉に取り組み、必要な制度・政策を行政に要求するだけでなく、これまで培ってきたノウハウや資格、情報、技術、技能、行動力を有効に活用し、個人や地域で協力して事業・活動を立ち上げ、福祉コミュニティの構築を通じて「社会福祉の普遍化」へと昇華させ、〈市民福祉社会〉の実現に尽力すべく、社会貢献を果たすべきではないだろうか。武蔵境における私たち夫婦の「まちかど福祉」の取り組みは、そのささやかな実践である。

参 考 資 料

資料1　団塊世代の人材活用に向けた各地の取り組み
資料2　まちづくり活動団体ウェブサイト一覧および
　　　　主なサイトメニュー

資料1　団塊世代の人材活用に向けた各地の取り組み

東京都豊島区	活動テーマ	都市部における地域参加・行政参加支援
	実施主体	地方自治体・一般市民の有志グループ
	概要	児童館や高齢者福祉センターなどを小学校区ごとに再編、地域の活動団体や団塊世代を中心に「区民ひろば運営協議会」を設立し、安心・安全のためのまちづくりや世代間交流、健康増進、高齢者の安否確認など、地域の課題の解決を図ったり、救命救急のための講習会を開催したりしている。
東京都八王子市	活動テーマ	リタイア後の地域回帰・地域参加支援
	実施主体	地方自治体・NPO法人
	概要	「NPO法人八王子市民活動協議会」を設立、「お父さんお帰りなさいパーティー」「八王子市地域デビュー講座」を開催し、市民活動の基礎知識を学ぶとともに相談に応じたり、実際に活動を体験したりしてもらい、まちづくりへの地域デビューを支援している。
千葉県我孫子市	活動テーマ	コミュニティビジネスの起業支援
	実施主体	地方自治体
	概要	我孫子市の市民公益活動・市民事業によるコミュニティビジネスの起業支援で、起業講座の受講生が空き家・空き店舗を活用し、高齢者支援や介護福祉、情報サービス、障害者支援、農業、環境保全などの分野でNPO法人化、コミュニティビジネスを起業することを推進している。
北海道函館市	活動テーマ	地方都市の移住・定住（UIJターン）促進
	実施主体	地方自治体・NPO法人
	概要	当初、「函館市定住化サポートセンター」および株式会社「北海道コンシェルジュ」を設立し、同市への再訪・移住希望者に1週間〜1か月滞在してもらい、地元での暮らしを体験してもらう一

参考資料

		方、空き家などを紹介し、首都圏の都市住民の移住を推進した。しかし、採算面で事業の継続が困難となったため、「北海道コンシェルジュ」は2008（平成20）年度末で撤退した。そこで、翌年度、同市が新たに設立した「移住者サポートデスク」をNPO法人「NPOサポートはこだて」が指定管理者として受託、空き家などの物件探しは個人で不動産業者に当たってもらうものの、移住全般にかかわる各種相談や市内での生活ぶりなどをガイドしている。
島根県江津市	活動テーマ	地方都市の移住・定住（UIJターン）促進
	実施主体	地方自治体・NPO法人
	概要	都市住民を対象に2～3泊の「田舎暮らしツアー」や「体験グルメクラブ」「わくわく体験パック（地元民との交流会）」「スローマーケット(特産市)」を開催し、空き家・空き地の有効活用によって地域資源を生かしたコミュニティビジネスの起業を支援している。
愛知県	活動テーマ	まちづくり・地域づくりへの参画支援
	実施主体	地方自治体
	概要	現役時代の経験から得た知恵や人脈などを生かした提案型地域活動を公募し、その後、「モデル事業」に指定した。必要経費を補助して、まちづくり・地域づくりを推進し、地元の市町村などに事業を引き継いでいる。
名古屋市	活動テーマ	商店街周辺の地域貢献と生きがいづくり
	実施主体	NPO法人の有志グループ
	概要	上記の愛知県のモデル事業の1つで、団塊世代がその経験と知識、能力を生かして社会貢献すべく、「NPO法人ライフステーション・あいち」を設立。名古屋市北区の商店街の空き店舗を借りて改修し、高齢者や障害者の困り事相談、助け合い、ふれあいサロン、絵手紙・編み物などの教室を運

		営している。
愛知県日進市	活動テーマ	都市住民による農作業を通じた地域交流
	実施主体	一般市民の有志グループ
	概要	上記の愛知県のモデル事業の1つで、団塊世代の一般市民が「日進野菜塾」を設立。遊休農地を借りて市民農園とし、専業農家の指導を受けながら野菜を栽培、収穫した野菜を朝市などで即売し、専業農家や買い物客と交流を図っている。
東京都豊島区	活動テーマ	地域ぐるみのまちづくり活動
	実施主体	一般市民の有志グループ
	概要	区内の団塊世代が中心となって「庚申塚エリアまちづくりを考える会」を設立し、郷土の史跡の庚申塚が残る地域をエリアとして郷土史を学ぶ会を主催。市民参加で歴史を生かしたまちづくりのマップ、また、首都圏の研究者や地元の郷土史家、愛好家などをリストアップし、市民参加による勉強会やワークショップ、公園の整備などを通じて交流を図っている。
札幌市	活動テーマ	高齢者のネットワークを用いた生きがいづくり
	実施主体	NPO法人
	概要	札幌市内在住の団塊世代が中心となって会員制による「NPO法人シーズネット」を設立し、一人暮らしの高齢者を対象に電話の話し相手となり、生活相談や介護・医療機関を紹介している。また、外出の同行や掃除などの家事援助も行っている。
横浜市	活動テーマ	ITスキルの活用を通したシニアによるコミュニティビジネス
	実施主体	NPO法人
	概要	「NPO法人シニアSOHO横浜・神奈川」を設立、現役時代のITのノウハウを生かし、地域団体や個人のコミュニティビジネス、交流、生きがい活

参考資料

	概要	動、就労などを支援している。
大阪市	活動テーマ	サラリーマンOB有志によるボランティア活動を通じた社会貢献と生きがいづくり
	実施主体	NPO法人・任意団体
	概要	「NPO法人アクティブ・エイジング」および任意団体「ビジネスライブの会」を設立、現役時代に培った知識や経験、人脈を生かし、総務や経理、人事労務などの管理業務を地元の中小企業より受託し、企業OBの地域デビューの受け皿づくりに努めている。

出典：シルバーサービス振興会「健康長寿のまちづくり推進のための団塊世代の人材活用およびネットワーク形成の方策等に関する調査研究事業報告書」2008年をもとに一部加筆・改変

資料2　まちづくり活動団体ウェブサイト一覧および主なサイトメニュー

1. 財団法人地域活性化センター：地域づくり百科 (http://www.chiiki-dukuri-hyakka.or.jp/)

地域活性化事例・情報提供事業	主な内容	月刊「地域づくり」、地域の人材募集情報「わくわくWORK」(各種団体等の人材募集情報をホームページに掲載、登録者に向けてメールマガジンにより発信)、地域づくり関係情報サイト集について
	主なコンテンツ	アドバイザー・団体の紹介（検索機能あり）、人材と団体のマッチング（検索機能なし）、情報提供（機関誌、メールマガジン）
コンサルタント事業	主な内容	コンサルティング事業（コンサルタントの受託、コンサルタント会社の紹介）、インターネットフォーラム、調査研究の方法について
	主なコンテンツ	活動支援の案内（コンサルタント、アドバイス）、相互交流（電子会議室、電子掲示板）、情報提供（調査研究報告）
ひとづくり研修・交流事業	主な内容	全国地域リーダー養成塾、地域づくり団体のひろば、地域再生実践塾、地域活性化フォーラム、海外調査団派遣事業について
	主なコンテンツ	活動支援の案内（人材育成、アドバイザー・団体の紹介（検索機能あり）、情報提供（シンポジウム、講演会の案内・報告）
助成・支援事業	主な内容	移住・交流による地域活性化支援事業、被災地市町村地域コミュニティ再生支援事業、地域づくりアドバイザー事業について
	主なコンテンツ	施策・支援制度紹介

参考資料

地域づくりの事例	主な内容	シニア世代との協働や「緑の分権改革」、地域資源を生かした地域活性化、大学等との連携による地域活性化などの事例について
	主なコンテンツ	活動事例の紹介（検索機能なし、情報提供（機関誌、メールマガジン）

2. 財団法人地域総合整備財団：まちなか再生ポータルサイト (http://www.machinakasaisei.jp/)

まちなか再生総合プロデュース事業（補助金）	主な内容	市町村のまちなか再生のため、専門家の派遣および業務の委託金の一部補助について
	主なコンテンツ	施策・支援制度紹介
まちなか再生総合プロデュース事業（専門家派遣）	主な内容	市町村のまちなか再生のため、専門家の派遣、助言について
	主なコンテンツ	施策・支援制度紹介
まちなか再生ポータルサイト	主な内容	まちなか空間の空洞化問題を抱えている自治体に対する情報提供・アドバイスについて
	主なコンテンツ	施策・支援制度紹介
新・地域再生マネージャー事業	主な内容	市町村の地域再生のため、地域再生マネージャーの派遣および委託経費の一部助成について
	主なコンテンツ	施策・支援制度紹介

91

3. 公益財団法人あしたの日本を創る協会 (http://www.ashita.or.jp/)

地域活動情報	主な内容	あしたの日本を創る協会の雑誌・情報誌等に掲載された事例等の紹介について
まちむら全国ネット	主なコンテンツ	活動事例の紹介（検索機能あり）
	主な内容	生活会議、自治会、NPO法人など地域活動団体、地域活動に関心のある研究者やマスコミをメンバーとして行っている情報交換について
	主なコンテンツ	施策・支援制度紹介
生活学校・生活会議	主な内容	女性を中心に、身近な暮らしのなかの問題を学び、調べ、企業や行政と話し合う一方、他のグループとも協力し合いながら、実践活動のなかで解決し、生活や地域社会の在り方を変えていく活動について
	主なコンテンツ	シンポジウム、講演会の案内・報告
あしたのまち・くらしづくり活動賞	主な内容	地域の課題を自らの手で解決し、住みよい地域社会の創造をめざし、コミュニティ（地域社会）づくり・くらしづくり・人づくりの活動に取り組んでいる住民集団・企業などの活動レポートを募集し、先導的な事例を顕彰している活動について
	主なコンテンツ	施策・支援制度紹介
全国フォーラム	主な内容	生活学校や生活会議、地域づくり集団の発展と活性化を図るため、諸課題の解決方法や今後の活動の進め方についている発表や情報交換および先進的な活動事例の発表や情報交換および研究討議を行っている
	主なコンテンツ	シンポジウム、講演会の案内・報告

92

参考資料

世代間シンポジウム	主 な 内 容	心豊かに生活できる地域や家庭を創造するため、幼児から高齢者までの世代間交流について考えるシンポジウムについて
	主なコンテンツ	シンポジウム、講演会の案内・報告

4. 日本商工会議所：地域振興情報 (http://www.jcci.or.jp/region/)

地域振興情報	主 な 内 容	各地の商工会議所が取り組んでいる地域振興の行事やイベントの紹介について
	主なコンテンツ	情報提供（機関誌、メールマガジン）
不況克服・元気プロジェクト	主 な 内 容	各地の商工会議所が取り組んでいる不況克服・地域再生に向けた事業の紹介について
	主なコンテンツ	施策・支援制度紹介
まちづくり情報ナビゲーター	主 な 内 容	各地の商工会議所のまちづくりにかかわる情報について
	主なコンテンツ	情報提供（機関誌、メールマガジン）
観光振興ナビゲーター	主 な 内 容	各地の商工会議所の観光による地域振興に関する情報について
	主なコンテンツ	施策・支援制度紹介、情報提供（機関誌、メールマガジン）
ものづくり情報ナビゲーター	主 な 内 容	国や地方自治体、商工会議所が推奨したり、取り組んだりしている全国のものづくりに関するイベントや新商品の開発などの情報について
	主なコンテンツ	情報提供（機関誌、メールマガジン）

ご当地検定情報	主 な 内 容	各地の商工会議所や自治体などが地域再生のために行っている検定について
	主なコンテンツ	施策・支援制度紹介、情報提供(機関誌、メールマガジン)
地域のブランド戦略	主 な 内 容	各地の商工会議所の会員や個人が地域の特性を生かして商品化し、販売促進を図っている新商品の紹介について
	主なコンテンツ	施策・支援制度紹介、情報提供(機関誌、メールマガジン)

5. 内閣府地域再生本部:わがまち元気 (http://www.wagamachigenki.jp/)

地域チャレンジ〜団塊セカンドライフ	主 な 内 容	地域シンポジウム、地域の取り組み事例、全国市町村アンケートについて
	主なコンテンツ	活動事例の紹介(検索機能あり)、情報提供(シンポジウム、講演会の案内・報告、調査研究報告)
特区・地域再生	主 な 内 容	構造改革特区、地域再生計画の仕組み、事例について
	主なコンテンツ	活動事例の紹介(検索機能あり)、施策・支援制度紹介
地域応援団募集情報	主 な 内 容	地域づくり参加募集情報の案内について
	主なコンテンツ	人材と団体のマッチング(検索機能なし)
わがまち元気レポート	主 な 内 容	わがまち元気研究会委員などの有識者による「元気なまち」に関するレポートについて
	主なコンテンツ	活動事例の紹介(検索機能なし)

参考資料

わがまち元気情報	主な内容	各地域の関係者が里山の保全や名水選び、古民家の再生など実際に取り組んでいるさまざまな地域再生の事例について
	主なコンテンツ	活動事例の紹介（検索機能なし）

6. 内閣府 NPO ホームページ（https://www.npo-homepage.go.jp/）

NPO 見張番	主な内容	市民への説明要請や改善命令を実施した団体、設立の認証を取り消した NPO 法人などの情報公開について
	主なコンテンツ	情報提供
NPO 法人ポータルサイト	主な内容	全国の NPO 法人情報の検索について
	主なコンテンツ	アドバイザー・団体の紹介（検索機能あり）
ボランティアウェブ	主な内容	ボランティアをしたい人と受け入れたい人のマッチング紹介
	主なコンテンツ	人材と団体のマッチング（検索機能あり）
NPO 施策ポータルサイト	主な内容	NPO 施策情報の検索について
	主なコンテンツ	施策・支援制度紹介

7. 一般社団法人住まい・まちづくり担い手支援機構：住まいまちづくり総合データベース（http://www.dihc.jp/）

住まい・まちづくり活動団体データベース	主な内容	各種活動を展開している住まい・まちづくり活動団体や活動の概要、活動事例について
	主なコンテンツ	情報提供（機関誌、メールマガジン）

95

住まい・まちづくり支援・助成団体データベース	主な内容	住まい・まちづくり活動団体に対する支援・助成事業を行っている団体や支援・助成の概要について
	主なコンテンツ	施策・支援制度紹介、情報提供（機関誌、メールマガジン）
住まい・まちづくり活動アドバイザーデータベース	主な内容	住まい・まちづくり活動団体に助言や指導を行うアドバイザーのプロフィールや活動可能地域について
	主なコンテンツ	施策・支援制度紹介、情報提供（機関誌、メールマガジン）

注）平成23年12月現在の内容で作成
出典：資料1と同じ 一部加筆・改変

参考文献

1．川村匡由編著『市町村合併と地域福祉～「平成の大合併」全国実態調査からみた課題～』ミネルヴァ書房　2007年
2．川村匡由編著『地域福祉の原点を探る～夕張市に見る住民・市民自治の本質～』ミネルヴァ書房　2008年
3．川村匡由編著『地域福祉論』（シリーズ・21世紀の社会福祉⑦）ミネルヴァ書房　2005年
4．川村匡由編著『ボランティア論』（シリーズ・21世紀の社会福祉⑪）ミネルヴァ書房　2006年
5．川村匡由編著『高齢者福祉論［第2版］』（シリーズ・21世紀の社会福祉③）ミネルヴァ書房　2005年
6．川村匡由編著『シルバーサービス論』ミネルヴァ書房　2005年
7．川村匡由編著『社会保障論［第5版］』（シリーズ・21世紀の社会福祉①）ミネルヴァ書房　2007年
8．川村匡由『社会福祉普遍化への視座～平和と人権を基軸にした人間科学の構築～』ミネルヴァ書房　2004年
9．川村匡由『地域福祉とソーシャルガバナンス～新しい地域福祉計画論～』中央法規出版　2007年
10．川村匡由『人生100年"超"サバイバル法～1時間でわかる社会保障～』久美出版　2010年
11．川村匡由「団塊世代の地域デビューと公益法人制度改革」『非営利法人』Vol.771　全国公益法人協会　2009年
12．堺屋太一編著『日本米国中国　団塊の世代』出版文化社　2009年
13．井上英晴・賀戸一郎『宅老所「よりあい」の挑戦～住みなれた街のもうひとつの家～』ミネルヴァ書房　1997年
14．土屋正忠『武蔵野から都市の未来を考える』東洋経済新報社　1996年
15．渡辺靖志『宅老所運動からはじまる住民主体の地域づくり』久美出版　2005年
16．西嶋公子編著『街角のホスピスをめざして』風人社　1991年
17．阿部昭典『宅老所やまがた　あべさん家へあがらっしゃい』筒井書房　1998年
18．平野隆之編著『宅老所・グループホームの現状とその支援～全国調査からさぐる小規模ケアのあり方～』全国コミュニティライフサポートセンター（CLC）2001年
19．田部井康夫『18坪のパラダイス～デイセンターみさと奮闘記～』筒井書房　1998年
20．渡辺ひろみ『主婦たちがつくったミニ・デイサービス～「コスモスの家」よいとこ一度はおいで』自治体研究社　1997年
21．三好春樹監修『あなたが始めるデイサービス　実践編』雲母書房　2004年

22. AERA編集部編『老いる準備～定年後・更年期・介護を見すえる～』アエラ臨時増刊 No.38　朝日新聞社　1988年
23. 宅老所・グループホーム全国ネットワーク編『宅老所・グループホーム白書』全国コミュニティライフサポートセンター（CLC）　各年版
24. 桜井政成『ボランティアマネジメント～自発的行為の組織化戦略～』（NPOマネジメントシリーズ3）ミネルヴァ書房　2007年
25. 今田忠編著『NPO起業・経営・ネットワーキング』中央法規出版　2000年
26. 東京ボランティア・市民活動センター編『「市民が市民を支える」～地域の協働空間を生かした実践～東京ボランティア・市民活動センター研究年報2001』東京ボランティア・市民活動センター　2002年
27. 東京ボランティア・市民活動センター編『NPOと行政のパートナーシップは成り立つのか!?～協働を形にする「事業協働契約」を考える～東京ボランティア・市民活動センター研究年報2005～』東京ボランティア・市民活動センター　2006年
28. 雨宮孝子・小谷直道・和田敏明編『ボランティア・NPO』（福祉キーワードシリーズ）中央法規出版　2002年
29. 池上洋通『地域活動事始め』自治体研究社　1999年
30. 田中尚輝『NPOビジネスで起業する！』学陽書房　2004年
31. 本間正明・金子郁容・山内直人・大沢真知子・玄田有史『コミュニティビジネスの時代～NPOが変える産業、社会、そして個人～』岩波書店　2003年
32. 内海成治・入江幸男・水野義之編『ボランティア学を学ぶ人のために』世界思想社　1999年
33. 細内信孝『コミュニティ・ビジネス』中央大学出版部　1999年
34. 田中尚輝『実戦！　NPOマネジメント～リーダーのあなたに贈る～』学陽書房　2003年
35. 細内信孝『実践コミュニティビジネス』中央大学出版部　2003年
36. 淑徳大学エクステンションセンター編『ボランティアの時代』中央法規出版　2003年
37. ボランティア情報研究会編『熟年だからボランティア!!』学習研究社　2002年
38. スティーヴン・P・オズボーン編、ニノミヤ・アキエイ・H監訳『NPOマネージメント～ボランタリー組織のマネージメント～』中央法規出版　1999年
39. マスターズ市民白書編集委員会編『団塊の世代が切り拓く新しい市民社会～マスターズボランティアの可能性～』大阪ボランティア協会　2003年
40. 唐沢稜『はじめての不動産投資で成功する本』自由国民社　2010年
41. 山本公喜・山下和之『マイホームを買うときの基礎知識』ぱる出版　2003年
42. 弓家田良彦・富山さつき『アパート・マンション経営の資金と税金でトクする法』日本実業出版社　2004年
43. 浦田健『アパート・マンション経営塾』日本実業出版社　2003年
44. 浦田健『空室が満室に変わる究極の方法』日本実業出版社　2004年

45. 松本すみ子『地域デビュー指南術〜再び輝く団塊シニア〜』東京法令出版　2010年
46. シルバーサービス振興会「健康長寿のまちづくり推進のための団塊世代の人材活用およびネットワーク形成の方策等に関する調査研究事業報告書」　2007年
47. シルバーサービス振興会「第18回健康長寿のまちシンポジウム〜地域で輝く団塊世代〜」　2008年
48. シルバーサービス振興会「団塊世代を活用した健康長寿のまちの展開方策に関する調査研究事業報告書」　2008年
49. シルバーサービス振興会『健康長寿のまちづくり先進事例集〜まちづくりハンドブック・地域で輝く団塊世代〜（2006年度版）』　2007年
50. シルバーサービス振興会『まちづくりハンドブック〜地域で輝く団塊世代〜』2008年
51. シニア社会学会・「老若共同参画社会」研究会編『「シニアから、52の提言」ハンドブック（2008）』　2007年
52. 東京都中央区「中央区高齢者生きがいづくり推進検討会報告書」　2008年
53. 総務省自治行政局・島根県江津市「都市と農山漁村の新たな共生・対流システムモデル調査報告書」　2007年
54. 東京都産業労働局「退職後の団塊の世代の活用についての調査報告書」　2004年
55. 武蔵野市「武蔵野市第4期基本構想・長期計画2005〜2014」　2005年
56. 武蔵野市「武蔵野市行財政集中改革プラン」　2006年
57. 武蔵野市「武蔵野市福祉3計画」　2003年
58. 武蔵野市「武蔵野市福祉総合計画」　2006年
59. 武蔵野市民社会福祉協議会「第2次武蔵野市地域福祉活動計画」　2004年
60. 我孫子市「我孫子市市民公益活動・市民事業支援の取り組み」　2007年
61. タウン通信webサイト「武蔵境から日本を変える。『触れ合い』、『支え合い』、『守り合い』の町へ。」(http://mimikin.sakura.ne.jp/town-t/kawamura.html)

■著者紹介

川村　匡由（かわむら　まさよし）

1969年　立命館大学文学部卒業
1999年　早稲田大学大学院人間科学研究科博士学位取得
現　在　社会福祉学者・武蔵野大学大学院教授、福祉デザイン研究所所長、地域サロン「ぷらっと」主宰、山岳紀行家

◆主　著

『21世紀の社会福祉　全21巻（編著・続刊）』『社会福祉普遍化への視座』『新・介護保険総点検』（以上、ミネルヴァ書房）、『地域福祉計画論序説』『福祉のしごとガイドブック（編著）』『福祉系学生のためのレポート＆卒論の書き方』『福祉系学生のための就職ハンドブック』『地域とソーシャルガバナンス』（以上、中央法規出版）、『人生100年"超"サバイバル法』久美出版など。

川村匡由＋福祉デザイン研究所ホームページ
http://www.geocities.jp/kawamura0515/

団塊世代の地域デビュー
〜その提言と「まちかど福祉」の実践〜

2012年3月31日　初版発行

著　者	川　村　匡　由
発行者	竹　鼻　均　之
発行所	株式会社みらい

〒500-8137　岐阜市東興町40番地　第5澤田ビル
TEL　058-247-1227
FAX　058-247-1218
http://www.mirai-inc.jp/

印刷・製本　西濃印刷株式会社

ISBN978-4-86015-255-0　C1036
ⒸMasayoshi Kawamura, 2012. Printed in Japan

乱丁本・落丁本はお取り替え致します。